JOSEF KIRSCHNER
DIE EGOISTEN-BIBEL

JOSEF KIRSCHNER

»Zuerst ich, dann die anderen«

DIE EGOISTEN BIBEL

Anleitung fürs Leben

HERBIG

Gedruckt auf chlorfrei gebleichtem Papier

© 1999 F. A. Herbig Verlagsbuchhandlung GmbH, München
Alle Rechte vorbehalten
Umschlag: Wolfgang Heinzel
Satz: Filmsatz Schröter GmbH, München
Gesetzt aus 12/15 Optima auf Macintosh in QuarkXPress
Druck: Jos. C. Huber, Dießen
Binden: R. Oldenbourg, München
Printed in Germany
ISBN 3-7766-2112-5

Dieses Buch ist die Bibel der Gescheiten, die sich keiner Religion verschrieben haben. Es sei denn der einen, an jedem Tag des Lebens so frei und glücklich zu sein, wie es ihnen aus eigener Kraft möglich ist.

Inhalt

Einleitung zum besseren Verständnis
der »Egoisten-Bibel«   11

Unverbindliche Anleitung für den
Umgang mit der »Egoisten-Bibel«   15

Zehn Gebote der Egoisten   20

I   Das Buch des Lebens 23

1   Die große Einheit   29
2   Das Leben im Hier und Jetzt   31
3   Plan, Tag und Augenblick   33
4   Das Ich-Bekenntnis   35
5   Loslassen und Zulassen   37
6   Der Glaube an sich selbst   39
7   Ordnung und Wertung   41
8   Gesundheit und Krankheit   42
9   Geld, Besitz und Überfluß   44
10 Beharrlichkeit und Geduld   46

11	Die Konzentration	48
12	Das manipulative Spiel	50
13	Essen, Trinken und Verdauen	56
14	Phantasie und Kreativität	58
15	Realität, Vision und Strategie	60
16	Ehe und Familie	61
17	Liebe, Sex und Befriedigung	64
18	Schmerz und Tod	66
19	Angst, Erpressung und Verzicht	67
20	Reden und Schweigen	70
21	Kritik, Lob und Rechtfertigung	74
22	Suchen, Wissen und die Wahrheit	76
23	Mitleid und Helfen	80
24	Partnerschaft und Verantwortung	83
25	Gesellschaft, Moral und Kultur	87
26	Die Medien	91
27	Staat, Religion, Parteien, Wettbewerb	93
28	Die Kraft des Kosmos	96
29	Werden, Wachsen und Vergehen	98
30	Der Sinn Deines Lebens	100

II **Das Buch der Techniken** 103

1	Das Atmen	109
2	Spannung und Entspannung	111

3	Der Weg ins Unterbewußtsein	113
4	Das Meditieren	118
5	Das Entscheiden	121
6	Die Konzentration der Energie	125
7	Das Planen	127
8	Angriff und Abwehr	130
9	Das Täuschen	136
10	Die Technik, ein Problem zu lösen	140

III Das Buch der Übungen 143

1	Das Trainieren	149
2	Das Morgen-Ritual	152
3	Die Stille Zeit	155

IV Das Buch der Künste 161

1	Die Kunst, ein freier Mensch zu sein	165
2	Die Kunst zu siegen, ohne zu kämpfen	170
3	Die Kunst zu sehen und zu hören	173
4	Die Kunst, Dich mitzuteilen	176
5	Die Kunst, im Rhythmus zu leben	183

V Das Buch des Weges 185

1   Das Beste vom Notwendigen   189
2   Arbeiten und verwalten   192
3   Die Zeit des Reifens   194

Nachwort   197

Einleitung zum besseren Verständnis der »Egoisten-Bibel«

Lieber Leser, ein neues Jahrtausend ist mit großem Getöse eingeläutet. Aber geben Sie sich keinen Illusionen hin: Am Lauf der Welt wird sich nichts ändern.

Die Gutgläubigen werden sich weiter an die Hoffnungen klammern, die sich schon im vergangenen Jahrtausend nicht erfüllten. Die Hilflosen werden nach wie vor vergeblich auf die Hilfe warten, die ihnen von guten Menschen versprochen wird.

Die Friedensapostel werden mehr als bisher davon profitieren, daß es Kriege gibt. Die Faulen bleiben faul auf Kosten der Tüchtigen. Die Tüchtigen mühen sich zu Tode, ohne zu wissen wofür. Die Gesundheitsindustrie wird weiter boomen, und niemand wird etwas daran finden, daß die Menschheit trotzdem – oder gerade deshalb – immer kränker wird.

Und wo stehen Sie in dieser ziemlich verrückten Welt, in der nur die Ahnungslosen meinen, die Verrücktheit sei nicht das ganz Normale. Wo stehen Sie ganz persönlich? Hoffen Sie auch, daß sich aus unerfindlichen Gründen schon demnächst etwas ändert, ohne daß Sie selbst es tun?

Es wird uns auch im 21. Jahrhundert – daran gibt es nicht den geringsten Zweifel – die älteste Form der Drei-Klassen-Gesellschaft erhalten bleiben:
- Mit der Klasse der unüberschaubaren Masse der Dummen.
- Der Kaste der Schlauen.
- Und der kleinen, erlesenen Minderheit der Gescheiten.

Die Dummen werden hilflos weiter nach Leuten suchen, die ihnen sagen, was sie glauben, denken, hoffen und kaufen sollen. Die Schlauen werden es ihnen bereitwillig sagen und davon profitieren.

Die Gescheiten werden gelassen beiseite stehen. Sie wissen selbst, was sie wollen. Und sie tun es unbeirrt. Ohne Rücksicht auf Gesetze und Moral.

Dieses Buch ist die Bibel der Gescheiten, die sich keiner Religion verschrieben haben, es sei denn der einen, an jedem Tag des Lebens so frei und glücklich zu sein, wie es ihnen aus eigener Kraft möglich ist.

Die Gescheiten fragen niemanden danach, was sie dürfen. Sie tun, was sie wollen. Während sich die Dummen schuldig fühlen, wenn sie die Gebote der Schlauen nicht befolgen, leben die Gescheiten völlig unbekümmert nach ihrem eigenen Gebot. Es lautet: »Zuerst ich, dann die andern.«

In diesem Buch wird dieses Gebot der konsequenten Egoisten und die ihr zugrundeliegende Lebensstrategie zum ersten Mal ausführlich schriftlich erläutert. Wenn Sie es trotzdem lesen, sollten Sie sich im klaren darüber sein, daß es allein in Ihrem eigenen Ermessen liegt, welcher Klasse Sie sich zuordnen wollen.

Die provokanten Inhalte der »Egoisten-Bibel« erweckten schon im Laufe ihrer mündlichen Überlieferung bei manchen Dummen das dringende Bedürfnis nach einem Klassenwechsel. Während nicht wenige Schlaue der Illusion zum Opfer fielen, ihr eigener Egoismus sei der einzig wahre.

Mehr kann und soll über die vielen unvermeidlichen Reaktionen nicht gesagt werden. Es gibt keine Forschung über die Geschichte des gesunden Egoismus. Dies entspricht durchaus dem zweitwichtigsten Gebot der Gescheiten. Es lautet: »Der wahre

Glaube ist das, woran Du jetzt gerade glaubst. Auch wenn es noch so falsch sein mag. Wichtig ist allein, daß es Dein eigener Glaube ist.«

Der interessierte Leser – gleichgültig welcher Zugehörigkeit – kann sich während der Lektüre dieses Buches seine eigene Meinung bilden. Vorausgesetzt natürlich, er ist nach jahrelanger Dressur durch die Gesellschaft überhaupt noch zu einer eigenen Meinung fähig.

Unverbindliche Anleitung für den Umgang mit der »Egoisten-Bibel«

Es soll nicht unerwähnt bleiben, daß der Egoismus im herkömmlichen Sprachgebrauch keinen guten Ruf besitzt. Allein der Begriff selbst muß vorwiegend als Warnung herhalten, mit der die Dummen abgeschreckt werden, mehr an sich selbst zu denken als an das angebliche Wohl einer anonymen Allgemeinheit.

Diese Diskriminierung verwundert nicht. Wer selbst weiß, wie er leben will und was ihn glücklich macht, braucht niemanden, der ihm das Glück verkauft. Stellen Sie sich nur vor, wieviel Schlaue über Nacht ihre Lebensgrundlage verlören, wenn kein Dummer mehr alle die Kosmetika, Medikamente, Statussymbole oder Urlaubsreisen kaufte, die er in Wahrheit gar nicht braucht.

Auch Gewerkschaften, Kirchen und Politiker wären überflüssig, wenn jeder Bürger seine Arbeitsverträge, sein Seelenheil, sich selbst und seine Gruppe in eigener Verantwortung regeln und verwalten würde. Aber keine Angst, der Clan der Schlauen bleibt weiter an der Macht und hält die

Gesellschaft nach den Gesetzen des Fortschritts und der Gutgläubigkeit unter Kontrolle.

Sie können also die »Egoisten-Bibel« mit der Gewißheit lesen, daß sich nichts, aber auch wirklich nichts an der Abhängigkeit ändern wird, mit der die Schlauen die Dummen so gekonnt bei der Stange halten.

Was Sie beunruhigen könnte, ist die provokante Eindeutigkeit der Realität unseres Lebens, die auf den folgenden Seiten recht schonungslos dargestellt wird. Mancher Leser könnte hier und dort beim Lesen den Schock empfinden, als würde er sich nach einer durchzechten Nacht verkatert in den Spiegel schauen. Mit der unvermeidlichen Frage: »Bin das wirklich ich, der mir da entgegenblickt?«

Erfahrungsgemäß münden solche Situationen in den guten Vorsatz, irgend etwas sollte man jetzt in seinem Leben endlich ändern. Aber mit uns einzelnen ist es so wie mit dem Leben überhaupt: Gute Vorsätze sind nur die tröstende Entschuldigung dafür, daß wir in Wahrheit gar nichts ändern.

Die »Egoisten-Bibel« ist der unvollständige Versuch, die wenigen bekanntgewordenen Erfahrungen von Gescheiten aufzuzeichnen, die ihr Leben tatsächlich aus eigener Kraft nach ihren eigenen Vorstellungen gestalten konnten.

Der beste Rat, den man einem interessierten Leser geben kann, ist der unverbindliche Hinweis: Sie haben drei Möglichkeiten, mit dem Inhalt dieses Buches umzugehen:
• Sie können es lesen und dann beschließen: »Alles ganz schön und gut, aber nichts für mich. Im Vergleich zu den armen Teufeln in Ruanda oder im Kosovo geht es mir doch immer noch blendend. Wozu sollte ich mich also der Mühe unterziehen, an meinem Leben etwas zu ändern?«
• Sie können sich jeder eigenen Aktivität auch mit dem altbewährten Schlauen-Dogma entziehen: »Wenn alle Menschen Egoisten wären und keiner mehr Rücksicht auf andere nähme, würde die Welt doch bald im Chaos untergehen.« Dies wäre ein plausibel erscheinendes Argument, das allerdings nur dann wirklich Gültigkeit hätte, wenn die Welt nicht schon längst das große Chaos wäre.
• Sie können allerdings auch den einen oder anderen Erfahrungswert aus der »Egoisten-Bibel«

zum Anlaß nehmen, fortan die Entscheidungen für Ihr Leben selbst zu fällen.

Dabei ist allerdings größte Vorsicht geboten, denn nichts ist in der Drei-Klassen-Ordnung so perfekt von den Schlauen organisiert wie die Unterdrückung jedes Versuchs eines einzelnen, die Verantwortung für sein Leben selbst zu übernehmen.

Dies mag auch der Grund dafür sein, daß es keine öffentliche Organisation der Egoisten gibt. Der Egoismus der Gescheiten ist eine Bewegung ohne Ideologie, ohne Führer, Mitgliedschaft und Funktionäre. Das macht ihn auch so unangreifbar.

Gesunder Egoismus ist nicht der Versuch, andere für eine Idee zu missionieren, sondern lediglich das Bemühen, alle eigenen Kräfte für sich selbst zu mobilisieren. Statt für andere.

Im krassen Unterschied zu anderen Bibeln ist die »Egoisten-Bibel« kein bindendes Gesetzbuch mit Geboten, Vorschriften und Verboten. Sie ist ein einfaches Lesebuch.

Ein Lesebuch, den Dummen zum Trost, daß sie in ihrem Leben sicherlich alles besser machen würden, wenn man es ihnen nur erlaubte. Für die Schlauen zur Anregung, wie sie die Dummen noch ein wenig geschickter bevormunden könnten.

Und die Gescheiten? Nun, die Gescheiten werden alles, was sie in ihrem Leben schon längst verwirklichen, hier bestätigt finden.

Zehn Gebote der Egoisten

1. Bevor Du Rechte hast, hast Du Pflichten.

2. Wenn Du kein Geld hast, gibst Du keines aus.

3. Wenn Du einen Job beherrschst, wirst Du gesucht und kannst Deinen Preis bestimmen. Wenn Du nicht gesucht wirst, brauchst Du die Gewerkschaft.

4. Wenn Du mit Dir in Harmonie bist, bist Du mit der ganzen Welt in Harmonie.

5. Jede Aggression gegen andere ist eine Aggression gegen Dich selbst, die Du auf Kosten anderer abreagieren willst.

6. Wenn *Du* weißt, was Du willst, kann Dir niemand einreden, was *er* für richtig hält.

7. Jeder hat das Recht, faul zu sein. Aber nicht auf Kosten Deiner Tüchtigkeit.

8. Wenn Du tüchtig bist, bist Du es für Dich und nicht für andere.

9. Je mehr Du über etwas redest, um so weniger weißt Du darüber.

10. Je mehr Du weißt, um so weniger brauchst Du darüber zu reden. Manchmal sagt ein gezieltes Schweigen mehr als hundert nichtssagende Sätze.

I

Das Buch des Lebens

> »So winzig ein Augenblick auch
> sein mag, er ist unwiederbringlich.
> Wenn Du den Augenblick nicht nützt,
> vergeudest Du vielleicht Dein
> ganzes Leben.«

Das Buch des Lebens ist eine Sammlung von individuellen Vorstellungen für die 30 wichtigsten Fragen, die an jedem Tag auf vielfältige Weise unser Leben bestimmen.

Zu allen Zeiten haben Bevormundung und Unterdrückung bei der Klasse der Gescheiten das Bedürfnis nach persönlicher Freiheit verstärkt. Während eine Gruppe die Befreiung darin suchte, die Unterdrücker zu stürzen, haben andere erkannt, daß die Freiheit nur in ihnen selbst liegen kann.

Der Sturz der Unterdrücker hat immer dazu geführt, daß die Putschisten sehr bald selbst zu Unterdrückern wurden und damit aus der Klasse der Gescheiten zur Klasse der Schlauen konvertierten.

Gescheite, die ihre Freiheit durch Selbstbefreiung erlangen wollen, können es nur mit der klaren Vorstellung für das eigene Leben. Es gibt dafür keine Vorbilder. Denn Vorbilder dienen nur den

Schlauen dazu, den Dummen ohne Unterlaß
falsche Hoffnungen zu machen, ohne sie jemals
zu erfüllen.

Aus dieser Einsicht entstand die Sammlung der
30 Lebensfragen im Buch des Lebens. Die Du-
Form, die in allen zugängigen Unterlagen auf-
scheint, soll offensichtlich die Partnerschaft und
den Dialog mit sich selbst als wichtigste Grundlage des gesunden Egoismus unterstreichen.

Die »Egoisten-Bibel« wendet sich aus diesem
Grunde an niemand anderen als an sich selbst.
An sein zweites Ich sozusagen, dem das erste Ich
sagt, wie es leben möchte.

Diese Annahme wird durch viele Hinweise
bestätigt. Wenn es etwa im 24. Abschnitt, Punkt
1, heißt: »Jede Partnerschaft beginnt bei Dir
selbst. Du bist Dein verläßlichster Partner, wenn
Du an Dich glaubst und mit Dir in Harmonie
bist.« Oder, wenn im 6. Abschnitt, Punkt 2,
davon die Rede ist: »Du glaubst an Dich selbst
mehr, als an irgend jemand anderen.«

Es versteht sich von selbst, daß in der »Egoisten-
Bibel« weder von Armen oder Reichen, Wissen-

26

den und Unwissenden oder dem Unterschied zwischen Männern und Frauen, Homosexuellen oder »Normalen« die Rede ist. Immer stehen das eigene Ich, die persönliche Freiheit und das individuelle Glück im Mittelpunkt. Und die Forderung: Niemand kann jemandem Glück und Freiheit geben oder nehmen. Jeder ist allein für sich verantwortlich.

Die endgültige Entscheidung zum selbstgelenkten Leben ist ganz offensichtlich der Schlüssel für die Zugehörigkeit zur Klasse der Gescheiten. Nur ein Dummer flüchtet sich in die Ausrede, andere seien an seinem Unglück schuld.

Die Bevormundung anderer scheint das Merkmal der Schlauen und die hilflose Unterwerfung das Kennzeichen der Dummen zu sein. Dadurch sind beide voneinander abhängig.

Bezeichnend ist die Anmerkung, die sich in der Bibel eines Gescheiten über seinen Egoismus fand: »Dein Buch des Lebens ist die Gesamtheit der Vorstellungen für Dein Leben, damit Du im täglichen manipulativen Spiel alle Einflüsse nach Deinen eigenen Maßstäben prüfen und beurteilen kannst, ehe Du entscheidest und handelst.«

So betrachtet, stellt die »Egoisten-Bibel« mit ihren zahlreichen Anregungen, Ideen und Erkenntnissen eine einmalige Sammlung von praktischen Alternativen zur Bevormundung durch die Gesellschaft dar.

1

Die große Einheit

1. Alles Leben ist eine große Einheit. Nichts steht allein für sich. Du bist ein Teil der Welt, in der Du lebst. Die Welt ist ein Teil des Kosmos. Der Kosmos bestimmt die Gesetze des Lebens. Du kannst die Gesetze des Kosmos nicht ändern, also änderst Du alles an Dir, was nicht dem Gesetz des Kosmos entspricht. Nur so bist Du in Harmonie mit dem Kosmos, und alles, was Du tust, gelingt.

2. Im Kosmos ist die grenzenlose Kraft, die das Leben schafft, damit es sich erfüllt. Diese Kraft ist in Dir, wenn Du eins bist mit dem Kosmos.

3. Du bist eins mit Dir. Du bist eins mit Körper und Geist. Du bist eins mit Krankheit und Schmerz, Leben und Sterben. Du bist eins mit gut und schlecht, Sieg und Niederlage, Freund und Feind. Du bist eins mit Ort und Zeit und mit allem, was Du tust. Wenn Du mit allem eins bist, ist nichts gegen Dich.

4. Die Übung der großen Einheit ist die tägliche

Beschäftigung mit den Zusammenhängen Deines Lebens. Wenn Du die großen Zusammenhänge nicht erkennst, erkennst Du auch nicht die kleinen Zusammenhänge, in denen sich Dein ganzes Leben an jedem einzelnen Tag vollzieht.

5. Du weißt, was Du willst, und erkennst die Zusammenhänge, damit alles zu einer großen Einheit wird.

2

Das Leben im Hier und Jetzt

1. Du lebst Dein Leben im Hier und Jetzt und so, wie es diesem Augenblick entspricht.

2. Wenn Du wachst, bist Du hellwach. Wenn Du schläfst, schläfst Du. Wenn Du eines machst, denkst Du an nichts anderes. Wenn Deine Hände hier sind, sind auch Deine Gedanken hier. Wenn Du handelst, zweifelst Du nicht.

3. Im Heute fürchtest Du nicht das Morgen und klammerst Dich nicht an das, was gestern war. Erst wenn ein Schritt gemacht ist, machst Du den nächsten. Du versäumst nichts.

4. Was gestern wichtig war, muß es heute nicht sein. Deshalb erfordert jeder Tag seine eigene Strategie und seine eigenen Entscheidungen. Du weißt, wie Du leben willst und glaubst an Dich, deshalb bist Du in Deinen Entscheidungen frei.

5. Das ist das Leben im Hier und Jetzt und die Fähigkeit, jedem Augenblick zu entsprechen.

6. So winzig ein Augenblick auch sein mag, er ist unwiederbringlich. Wenn Du den Augenblick nicht nützt, vergeudest Du vielleicht Dein ganzes Leben.

7. Weil Du nicht auf das Nachher hoffst oder Dich an das Vorher klammerst, lebst Du im Hier und Jetzt und erfüllst Dein Leben jeden Augenblick.

3

Plan, Tag und Augenblick

1. Wenn Du nicht weißt, was Du willst, reden es Dir andere ein. Du weißt, was Du willst und hast den Plan, wie Du es verwirklichst.

2. Dein Plan ist der Rahmen, in dem Du das Leben lebst, wie es Dir an jedem Tag entspricht. Der Plan zeigt Dir das Machbare. Kreativität, Spontaneität und der Glaube machen Unmögliches möglich und sprengen die Grenzen des Plans, wenn Du Dich nicht an ihn klammerst.

3. Jeder Tag ist die Projektion Deines Lebens. Du lebst jeden Tag, als wäre er Dein letzter, damit Dich das Ende nicht überraschen kann.

4. Du läßt den Tag kommen, wie er kommt, statt ihn in eine Vorstellung zu zwängen. Du erlebst ihn spontan im Einklang mit der großen Ordnung und mit Deinem Ich, hier und jetzt.

5. Im Augenblick findet die Entscheidung statt. Jede Entscheidung bestimmt den Lauf Deines Le-

bens. Deshalb bist Du auf jede Entscheidung vorbereitet:

- Du entscheidest, wann für Dich die richtige Zeit gekommen ist. Nicht zu früh, nicht zu spät. Alles im Leben hat seine Zeit, alles braucht seine Zeit.
- Du entscheidest für Dich und nicht für andere.
- Du entscheidest ganz, nicht halb.
- Wenn Du entschieden hast, bist Du eins mit der Entscheidung.
- Wenn eine Entscheidung falsch war, änderst Du sie ohne Zögern.

6. Jeder Plan braucht eine Strategie, den Glauben an Dich und die Kontrolle des Ergebnisses, damit Du daraus lernen kannst. Jeder Plan ist nur das wert, was aus ihm geworden ist.

4

Das Ich-Bekenntnis

1. Du bist Du und niemand anderer. Für Dich gelten Deine Wünsche, Bedürfnisse und Maßstäbe und nicht die Maßstäbe anderer.

2. Du bist der Mittelpunkt Deines Lebens und bestimmst, was für Dich richtig ist. Wenn Du es nicht tust, reden es Dir andere ein, und Du lebst nicht mehr Dein Leben. Du weißt, was Du willst, und tust es.

3. Du trägst die Verantwortung für Dich und alles, was Du tust. Du bist für niemand anderen verantwortlich.

4. Dein Ziel ist es, an jedem Tag Deines Lebens aus eigener Kraft so frei und glücklich zu sein, wie es Dir an diesem Tag möglich ist.

5. Du glaubst daran, daß Du alles erreichen kannst, was Du erreichen willst. Du glaubst an Dich mehr als an irgend jemand anderen. Wenn Du an andere glaubst, glaubst Du nicht genug an Dich selbst.

6. Du bist eins mit Dir im Leben und im Sterben. Ohne Zweifel. Ohne Ängste. Ohne Zögern.

7. Alles was Du für Dein Leben brauchst, ist in Dir. Du hörst auf die Stimme in Dir, damit Du niemanden anderen zu fragen brauchst.

8. Du fragst nicht: »Was darf ich?« Du fragst: »Was ist hier und jetzt richtig für mich?«

9. Du bist, wie Du bist. Nichts an Dir ist gut, nichts ist schlecht. Alles hat seinen Sinn und eine Ursache. Wenn Du sie erkennst, erkennst Du, was für Dich richtig ist.

5

Loslassen und Zulassen

1. Du läßt alles los, was Dich belastet und krank macht. Du läßt alles zu, was Dich frei und glücklich macht.

2. Wenn Du im Leben lebst, im Sterben stirbst und eins mit Dir und dem Kosmos bist, gibt es nichts, was Du zu fürchten brauchst.

3. Du läßt die Ängste los. Du läßt die Ungeduld los. Du läßt die Zweifel los und alles, was Deinem Glück und Deiner Freiheit im Wege steht.

4. Beim Loslassen und Zulassen übst Du die positive Projektion:
• Du entspannst Dich, schließt die Augen und atmest tief *ein*, was Du zulassen willst. Du stellst Dir vor, wie es Dich ganz erfüllt, wie Du eins damit bist und es Dich frei, stark und glücklich macht.
• Du schließt die Augen und atmest lange und kräftig *aus*, was Du loslassen willst. Du stellst Dir vor, wie es vollständig Gedanken und Körper ver-

läßt. Du spürst, wie Du frei, stark und glücklich bist.

5. Du machst Dich vom Handeln frei, um zu denken. Du machst Dich vom Denken frei für das Nicht-Denken. Im Nicht-Denken entsteht die Kraft der Intuition, und die Lebensenergie des Kosmos kann Dich durchströmen.

6. Wenn Du gedacht hast, entscheidest Du. Wenn Du entschieden hast, handelst Du. Im Handeln läßt Du alles los, was Dein Handeln stört.

7. Du läßt das Wissen von gestern los, wenn das Wissen von heute es ersetzt. Nichts ist sicher. Jeder Tag ist ein neues Leben. Du läßt es zu, wie es ist. Was Du ändern kannst, änderst Du. Was Du heute nicht ändern kannst, änderst Du, wenn die Zeit gekommen ist.

6

Der Glaube an sich selbst

1. Du bist so, wie Du denkst. Du wirst so, wie Du immer wieder denkst. Deshalb ist das Denken der Anfang Deines Glaubens.

2. Du glaubst an Dich mehr, als an irgend jemand anderen.

3. Du weißt, was Du willst. Du glaubst daran, daß Du es erreichst, weil Du nicht aufhörst, es Dir in Deinem Denken vorzustellen.

4. Der Glaube ist die Kraft, die Dich weiterbringt. Der Zweifel ist die Kraft, die Dich zurückhält.

5. Wenn Du zweifelst, glaubst Du nicht. Wenn der Zweifel beginnt, ist der Glaube zu Ende.

6. Dein Denken führt zum Glauben, damit er Dir die Kraft verleiht, Dinge zu tun, an denen das Denken zweifelt. Der Glaube ist der Schritt vom Vorstellbaren zum Erreichen des Unvorstellbaren. Vorausgesetzt, Du handelst richtig.

7. Woran Du nicht glaubst, das kannst Du auch nicht erreichen. Was Du Dir nicht vorstellen kannst, daran mußt Du glauben.

8. Du trainierst den Glauben und hörst nicht auf, die Ursache des Zweifels zu ergründen, bis der Glaube den Zweifel ersetzt.

9. Es gibt nur einen Glauben, den Glauben an Dich selbst.

7

Ordnung und Wertung

1. Alles in Deinem Leben hat seine Zeit, seine Ordnung und seinen Wert. Den Wert aller Dinge in Deinem Leben bestimmst Du nach Deinen Maßstäben.

2. Was heute für Dich wertvoll ist, kann morgen seinen Wert verlieren. Das ist das Prinzip der Relativität aller Werte.

3. Wenn Du mit Dir und dem Kosmos im Einklang bist, ergeben sich ganz von selbst Wert und Ordnung aller Dinge.

4. Das Merkmal der Ordnung sind Anfang und Ende. Das System der Ordnung besteht in der richtigen Reihenfolge. Die richtige Reihenfolge bestimmt Deine Wertung der Dinge.

5. Die Kunst, richtig zu werten, besteht im Wissen, was für Dich richtig ist und worauf Du verzichten mußt, um das zu erreichen, was Du erreichen willst.

8

Gesundheit und Krankheit

1. Wenn Du gesund bist, tust Du alles, um nicht krank zu werden. Wenn Du krank bist, hast Du nicht alles getan, um gesund zu bleiben.

2. Wenn Du Dir selbst helfen kannst, hilfst Du Dir selbst. Wenn Du Dir nicht selbst helfen kannst, findest Du den besten Partner, der Dir hilft, wieder gesund zu werden.

3. Wenn Du krank bist, lernst Du daraus, wie Du Krankheit vermeiden kannst.

4. Gesundheit ist die Harmonie zwischen Körper, Geist und Seele. Wenn alles in Einklang ist, bist Du gesund.

5. Die Disharmonie des Körpers beginnt bei der Disharmonie der Seele. Die Gesundheit beginnt bei der großen Einheit:
- Du bist eins mir Dir.
- Du bist eins mit Deinem Körper.
- Dein Körper ist eins mit Deinem Geist, Deiner

Seele, Deinen Gefühlen, der Intuition und der Phantasie.

6. Geist und Körper sind in Bewegung, weil das ganze Leben Bewegung ist. Wenn Dein Geist beweglich ist, ist auch Dein Körper beweglich. Und umgekehrt.

7. Du verdrängst Deine natürlichen Bedürfnisse nicht, sondern lebst sie aus. Was Du verdrängst, belastet Dich und macht Dich krank.

8. Du gleichst Spannung und Entspannung aus, bis Du in Dir ruhst.

9. Du hörst auf die Signale Deines Körpers und Deiner Seele und respektierst die Botschaft, die Du erhältst.

10. Du löst Deine Probleme, ehe sie Dich belasten und krank machen.

9

Geld, Besitz und Überfluß

1. Nicht das Geld bestimmt Deine Wünsche und Bedürfnisse, sondern Deine Wünsche und Bedürfnisse bestimmen die Bedeutung von Geld und Besitz für Dich.

2. Wenn Geld und Besitz Dir mehr Ärger als Freude machen, fällst Du eine Entscheidung, die Dich frei und glücklich macht.

3. Du weißt, was Du wirklich brauchst, um das Leben führen zu können, das Dir entspricht. Du weißt, worauf Du verzichten mußt, um das haben zu können, was Du brauchst.

4. Vom Notwendigen brauchst Du das Beste.

5. Du gibst nur das Geld aus, das Du hast. Von dem Geld, das Du hast, verwendest Du:
• Einen Teil, um so zu leben, wie Du leben möchtest.
• Einen Teil, um so frei zu sein, daß Du mit Geld nicht erpreßbar bist.

• Ein Teil ist die Reserve für Unvorhersehbares. Damit Du nichts zu fürchten brauchst.

6. Der Überfluß beginnt, wenn Du etwas kaufst, weil andere es besitzen. Obwohl Du wissen mußt, daß Du es nicht brauchst.

10

Beharrlichkeit und Geduld

1. Alles in Deinem Leben hat seine Zeit und braucht seine Zeit.

2. Wenn Du eine Entscheidung gefällt hast, verfolgst Du den Weg beharrlich, bis das Ziel erreicht ist.

3. Wenn die Entscheidung falsch war und Du das Ziel nicht erreicht hast, lernst Du daraus und änderst Deine Pläne ohne Zögern.
- Es ist besser, rechtzeitig den Rückzug anzutreten, als vorwärts ins Verderben zu stürmen.
- Wenn Du Deine Kräfte überschätzt oder die Kräfte des Widerstands unterschätzt hast, stärkst Du Deine Kräfte, bis Du stärker bist als alle Widerstände.
- Du vergeudest keine Energie damit, Dich für einen Mißerfolg zu rechtfertigen. Der Vorteil jeder Niederlage ist, daß Du daraus lernst.

4. Geduld heißt, ein Ziel ohne Hast so lange zu verfolgen, bis sich das gewünschte Ergebnis ganz von selbst ergibt.

5. Ungeduld bedeutet nichts anderes, als Dir die Chance zu verweigern, durch Beharrlichkeit zum Erfolg zu kommen.

6. Geduld heißt auch: So lange aus Niederlagen zu lernen, bis Du Erfolg hast.

7. Der Maßstab jedes Vorhabens ist das Ergebnis, gemessen an dem Ziel, das Du Dir gesteckt hast.

8. Die zwei Hindernisse, die Beharrlichkeit und Geduld am meisten im Wege stehen, sind Zweifel und Ungeduld.

11

Die Konzentration

1. Konzentration heißt, alle Gedanken, Gefühle und Energie auf das zu lenken, was Du jetzt und hier tust.

2. Du bist eins mit dem, was Du tust, und setzt alle Deine Kräfte dafür ein:
- Die Kraft des Denkens und der Phantasie.
- Die Kraft des Fühlens.
- Die Kraft der Intuition.
- Die Kraft des Wissens.
- Die Kraft des Glaubens daran, daß Du alles erreichen kannst.

3. Was der Konzentration am meisten im Wege steht, sind fünf Hindernisse:
- *Die Unentschlossenheit.* Wenn Du Dich nicht eindeutig entscheidest, kannst Du Dich auch nicht eindeutig konzentrieren.
- *Die Angst, etwas zu versäumen.* Wenn Du alles haben möchtest, bekommst Du nichts wirklich.
- *Fehlendes Selbstvertrauen.* Wenn Du an etwas

48

nicht glaubst, kannst Du Dich auch nicht mit aller Kraft darauf konzentrieren.

• *Die Ungeduld.* Wenn Du den zweiten Schritt machst, ohne den ersten gemacht zu haben, lenkt Dich beim dritten der Gedanke daran ab, was Du versäumt hast.

• *Die fehlende Freude an dem, was Du tust.* Wenn Du mit Deinem Ziel nicht eins bist, macht es Dir keine Freude. Deshalb tust Du nichts, was Dir keine Freude macht, und hast an allem Freude, was Du tust.

4. Vollkommene Konzentration ist vollkommene Harmonie mit dem, was Du jetzt und hier denkst und tust. Sie ist Loslassen von allem, was nicht dem Erreichen des Ziels dient und Zulassen von allem, was es zur Vollendung bringt.

12

Das manipulative Spiel

1. Dein ganzes Leben ist ein manipulatives Spiel, das Du manchmal gewinnst und manchmal verlierst. Du trainierst die Regeln des Spiels, um es möglichst oft zu gewinnen.

2. Du spielst jedes Spiel, als wäre es Dein letztes. Du setzt alle Energie ein, um alles zu gewinnen. Du glaubst daran, daß Du jedes Spiel gewinnst, oder Du spielst es nicht.

3. Wenn Du die erste Chance nicht nützen kannst, nützt Du die nächste. Immer ist die nächste Chance die letzte. Wenn Du nur hoffst, statt zu glauben, bestimmst nicht Du, ob Du ein Spiel gewinnst.

4. Im manipulativen Spiel ist jeder Dein Gegner. Du kannst alle besiegen, wenn Du Dich selbst besiegst. Der größte Sieg ist es, keinen Sieg zu brauchen. Ob Du siegst oder nicht, bestimmt niemand anderer, als Du selbst. Nur Du weißt, worin der Sinn Deines Lebens liegt.

5. Wenn Du von Dir überzeugt bist, brauchst Du niemanden durch einen Sieg zu überzeugen. Die größte Überzeugungskraft ist Deine eigene Überzeugung.

6. Du spielst das Spiel nach Deinen Regeln. Du bestimmst Zeit und Ort. Dein Herz ist unbewegt. Dein Ich ist ohne Form.
• Ein bewegtes Herz hindert Dich daran, so zu handeln, wie Du entschieden hast. Wenn Du zweifelst, ist Dein Herz nicht unbewegt.
• Ein Haften an der Form hindert Dich daran, im Hier und Jetzt zu handeln, wie es diesem Augenblick und Dir entspricht. Wenn Du Dich von der Form löst, ist alles möglich.

7. Hier sind sieben Verhaltensweisen, die Aggression eines Gegners im manipulativen Spiel ins Leere zu lenken, bis er sich mit seiner eigenen Energie selbst besiegt:
• Wenn ein Gegner Dich beleidigt, unterbrichst Du ihn nicht. Du hörst ihm geduldig zu, bis er nichts mehr zu sagen hat.
• Wenn er ernst ist, bringst Du ihn zum Lachen.
• Du lenkst ihn mit Fragen, bis er für Dich ist, statt gegen Dich.
• Du gibst ihm recht, auch wenn er im Unrecht ist.

- Du machst entschlossen Deinen Standpunkt klar, damit der Gegner weiß, wie weit Du gehen willst.
- Du wiederholst beharrlich Deinen Standpunkt, bis der Gegner es aufgibt, Dich von seinem Standpunkt überzeugen zu wollen.
- Du rechtfertigst Dich nie, sonst bist Du in der Defensive.

8. *Das Gesetz der Wiederholung* besagt: Wenn Du eine Lüge oft genug glaubhaft wiederholst, wird sie zur Wahrheit.

9. *Das Gesetz des Täuschens* besagt: Mache im Kleinen Lärm, um vom Großen abzulenken.

10. *Das Gesetz des Bewegens* besagt: Halte den Gegner in Bewegung, während Du wachsam auf seine Schwäche wartest.

11. *Das Gesetz des Umweges* besagt: Du läßt den Gegner große Wege machen, während Du nur kleine Kreise ziehst.

12. *Das Gesetz der Gefühle* besagt: Lachen und Weinen sind überzeugender als jede Vernunft. Ein Gefühl bewirkt mehr als hundert Argumente.

13. *Das Gesetz des Verzichtens* besagt: Statt ein Spiel zu beginnen, das Du nicht gewinnen kannst, ist es besser, zu verzichten.

14. *Das Gesetz des Anfreundens* besagt: Wenn Du einen Gegner zum Freund machst, brauchst Du ihn nicht zu besiegen.

15. *Das Gesetz des Fischers* besagt: Wenn Du einen Hecht fangen willst, hängst Du ihm einen Wurm an die Angel, auch wenn Du selbst lieber Apfelkuchen ißt.

16. Im manipulativen Spiel gibt es keine Sicherheit. Du hast das große Ziel im Auge und machst jeden Schritt so, wie es dem Hier und Jetzt entspricht. Die Spontaneität des Augenblicks ist wichtiger als der Plan.

17. Um ein manipulatives Spiel zu gewinnen, gibt es keinen Stolz und keine Ehre, keine Angst und kein Mitleid. Du bist wachsam und geduldig, gehst vor oder zurück, kennst weder Reue noch Schuldgefühl – denn alles das kann der Gegner gegen Dich verwenden. Den Plan hast Du gestern gemacht. Die Spontaneität führt zur Lösung, die dem Heute entspricht.

18. Im manipulativen Spiel gilt die Regel: Teile und gewinne. Wenn Du viele Gegner hast, wählst Du den stärksten aus und trennst ihn von den anderen. Wenn Dich viele Gegner bedrängen, ziehst Du Dich zurück und wartest, bis Du stark genug bist, zu gewinnen.

19. Du kannst jedes Spiel gewinnen, wenn Du den Gegner so gut kennst wie Dich selbst. Du gewinnst kein Spiel, wenn Du weder den Gegner noch Deine eigenen Möglichkeiten kennst. Deshalb genügt es nicht, nur Dich selbst zu kennen.

20. Im manipulativen Spiel nützt Du die fünf Schwächen:
• Die Angst des Gegners vor dem Unvorhersehbaren.
• Die unerfüllten Wünsche und das Versprechen, sie zu erfüllen.
• Die Hoffnung auf Hilfe in der Hilflosigkeit.
• Die Trägheit des Geistes.
• Den fehlenden Glauben des Gegners an sich selbst.

21. Das Gerücht ist ein Instrument des manipulativen Spiels. Es ist gefährlicher als das offene Spiel. Es sei denn, Du entlarvst es.

22. Das Gerücht ist eine gezielte Lüge, von der man annimmt, daß sie wahr sein könnte. Du lebst nach Deiner eigenen Wahrheit und hast eigene Maßstäbe für Dein Leben, also brauchst Du ein Gerücht nicht zu fürchten.

23. Wer sich seiner nicht sicher ist, glaubt einem Gerücht mehr als sich selbst und ist ein leichtes Opfer im manipulativen Spiel.

24. Wenn Du spielst, nützt Du die Schwächen anderer. Damit andere Deine Schwächen nicht nützen können, ist Dein Glaube stark und Dein Geist wachsam.

13

Essen, Trinken und Verdauen

1. Du ißt und trinkst, was Dir schmeckt, wenn Dein Körper Dir sagt, daß er es braucht. Du hörst zu essen und zu trinken auf, wenn Dein Körper Dir sagt, daß Du aufhören sollst. Du beachtest die Reaktion des Körpers und lernst daraus, was ihm nützt und was ihm schadet.

2. Du ißt in Bissen und trinkst in Schlucken. Bewußt und ohne Hast.

3. Du ißt und trinkst weder aus Ärger noch aus Angst, oder um zu vergessen.

4. Du ißt und trinkst nicht, weil andere es Dir sagen. Dein Maßstab bist Du und die Einheit mit Deinem Körper und seinen wirklichen Bedürfnissen.

5. Wenn Du ißt, dann ißt Du. Wenn Du trinkst, dann trinkst Du. Du kaust jeden Bissen 30mal, schmeckst jeden Schluck und bereitest alle Speisen mit dem Speichel im Mund auf die Verdauung vor.

56

6. Du nimmst Dir die Zeit, die Essen und Trinken brauchen.

7. Du achtest auf das Gleichgewicht zwischen basisch und sauer in der Ernährung. Wenn Du Fleisch ißt, ißt Du genausoviel Salat dazu. Wenn Du Alkohol trinkst, trinkst Du Wasser dazu. Wenn Du Süßigkeiten ißt, ißt Du Obst als Ausgleich.

8. Du fastest einmal jede Woche einen Tag mit Wasser oder Tee, um den Körper zu reinigen.

9. Bevor Du ißt und trinkst, entspannst Du Dich. Um die Verdauung zu fördern, gehst Du nach dem Essen spazieren.

10. Essen und Trinken sind ein Teil Deiner Gesamtheit – das vergißt Du nicht. Wenn Essen und Trinken in Einklang mit Dir sind, ist es auch die Verdauung.

11. Die vier Voraussetzungen für gesundes Verdauen sind:
• Richtig essen.
• Genug trinken.
• Bewegung.
• Du läßt Probleme los, ehe sie sich auf den Magen schlagen.

14

Phantasie und Kreativität

1. Die Phantasie ist die Fähigkeit, etwas zu sehen, das es noch nicht gibt. Kreativität ist die Fähigkeit, Lösungen zu finden, die Dir noch nicht bekannt sind.

2. Dein Ich, wie es jetzt ist, lebt im Hier und Jetzt. Dein Ich, wie es sein möchte, lebt als Vision in Deiner Phantasie. Deine Kreativität findet den Weg, wie Du die Vision verwirklichst.

3. Was Du Dir mit Deiner Phantasie nicht vorstellst, kannst Du auch nicht verwirklichen. Deshalb übst Du die Freiheit Deiner Phantasie.

4. Die Kreativität nützt Dir nur, wenn Du daran glaubst, daß für Dich alles möglich ist. Vielleicht nicht heute, aber dann, wenn die Zeit dafür gekommen ist.

5. Deine Phantasie kann sich nur entfalten, wenn sie frei ist. Wenn Du Dich nur auf die Erfahrung verläßt, gibst Du der Phantasie keine Chance.

Wenn Du Angst hast, unterdrückst Du die Phantasie, und sie kann ihre Kraft nicht entfalten.

6. Deinem Leben sind die Grenzen Deiner Erziehung nach den Maßstäben anderer gesetzt. Deine Phantasie ist der Impuls, diese Grenzen zu sprengen und Dich zu entfalten.

7. Wenn Deine Phantasie den Glauben an Dich selbst stärkt, erreichst Du alles. Wenn sie die Zweifel stärkt, bleibst Du stehen. Wenn Du stehenbleibst, hörst Du auf, an jedem Tag Dein Leben zu leben.

8. Im manipulativen Spiel ist die Phantasie ein Instrument, das Du nützt. Wenn Du andere mit Deinen Ideen beflügelst, sind sie Teil Deines Spiels.

9. Du weißt, was Du willst, glaubst an Dich und hast Deinen Plan. Deshalb kann niemand Deine Phantasie zu seinem Vorteil nützen. Vorausgesetzt, Du hast gute Gründe, es zuzulassen.

15

Realität, Vision und Strategie

1. Du spielst das Spiel Deines Lebens in drei Ebenen:
- In der *Ebene der Realität*, die den Erfordernissen der Welt entspricht, in der Du lebst.
- In der *Ebene der eigenen Vision*, die Du für Dein Leben hast.
- In der *Ebene der Strategie*, mit der Du Deine Vision verwirklichst.

2. Deine Vision gibt Deinem Leben den Sinn. In der Realität bewältigst Du die Hindernisse, die der Verwirklichung im Wege stehen. Die Strategie ergibt sich aus den Erfordernissen zur Bewältigung der Hindernisse.

3. Du lebst weder, um einen Plan zu erfüllen, noch, um einer Vision oder einer Strategie gerecht zu werden. Entscheidend ist immer, was hier und heute zu dem Ziel führt, für das Du Dich entschieden hast.

16

Ehe und Familie

1. Ehe und Partnerschaft haben den gleichen Sinn: Du löst zu zweit die Probleme besser, als Du sie allein lösen könntest. Wenn es nicht gelingt, verliert die Partnerschaft ihren Sinn, und es gilt das Prinzip des Überflusses: Wenn Dir das, was Du hast und tust, mehr Ärger als Freude macht, änderst Du es.

2. In der Familie gilt für jedes Mitglied der Anspruch: Ich gebe jedem anderen das, was ich ihm geben kann, damit er mir gibt, was ich von ihm brauche.

3. Für das Zusammenleben in der Familie gelten die drei Prinzipien:
• *Das Prinzip der größtmöglichen Freiheit* jedes einzelnen mit der größten Rücksicht auf die Freiheit jedes anderen.
• *Das Prinzip des Respektierens der Verschiedenheit.* Du respektierst den anderen so, wie er ist, ohne von ihm zu erwarten, daß er sich nach Deinen Vorstellungen ändert.

- *Das Prinzip der Kommunikation* nach den Gesetzen des manipulativen Spiels, in dem alle Deine Gegner sind. Auch die, die Dich lieben. Denn wer einen anderen liebt, erhebt Anspruch auf ihn.

4. In der Familie ist jeder sein eigener Mittelpunkt. Jeder ist zuerst für sich selbst, seine Freiheit und sein Glück verantwortlich.

5. Jeder nimmt die Hilfe der Familie erst in Anspruch, wenn er alles ihm Mögliche getan hat, sich selbst zu helfen.

6. Jede Hilfe ist Hilfe zur Selbsthilfe. Wer nicht bereit ist, sich selbst zu helfen, hat keinen Anspruch auf Deine Hilfe.

7. In der Ehe und Familie muß niemand die Meinung eines anderen teilen, aber jeder respektiert sie.

8. Es ist besser zu streiten, als nichts zu sagen, sich selbst zu bemitleiden oder Schuldige zu suchen.

9. Die Kunst, in der Partnerschaft richtig zu streiten, besteht darin, daß jeder dem anderen alles sagen kann, was ihn bewegt, gleichgültig in wel-

cher Form. Aber keiner ist dem anderen über Nacht böse.

• Wer sich am nächsten Tag nicht versöhnen kann, hat sein Problem noch nicht ausgesprochen.

10. Jeder Partner hat das Recht, alles zu sagen. Alle haben die Pflicht, ihn anzuhören und seinen Standpunkt zu respektieren. Auch, wenn sie anderer Ansicht sind.

11. Wenn ein Partner etwas zu sagen hat, sagt er es sofort. Ohne Rücksicht darauf, daß andere nicht seiner Meinung sein könnten.

12. Die Rücksicht auf andere ist keine Entschuldigung dafür, Aggressionen nicht loszulassen. Aggressionen zu verdrängen, löst keine Probleme. Es schafft neue.

13. Wer in der Partnerschaft etwas ändern will, ändert es zuerst an sich selbst. Wenn er in seinen Handlungen überzeugend ist, überzeugt er damit die anderen.

14. Der Sinn der Familie besteht nicht darin, sich dem Schwächeren anzupassen, sondern darin, ihm zu helfen, aus eigener Kraft stärker zu werden.

17

Liebe, Sex und Befriedigung

1. Ein natürliches Bedürfnis, das Du lange verdrängst, belastet Dich und macht Dich krank.

2. Ein Bedürfnis in den Genitalien kannst Du nicht im Kopf befriedigen.

3. Sex hat nichts mit Moral zu tun. Moral ist ein Instrument des manipulativen Spiels, das die Schlauen für die Dummen erfunden haben.

4. Liebe ist ein Gefühl des Augenblicks, von dem Du nichts anderes erwartest.

5. Für die Befriedigung gilt das Prinzip von Hier und Jetzt: Lebe so, wie es Dir und diesem Augenblick entspricht. Was Du hier und heute tust, muß morgen nicht mehr richtig sein.

6. Liebe, Sex und Befriedigung sind ein Teil Deiner Lebensfreude. Wenn sie Dir mehr Ärger als Freude machen, änderst Du es sofort und ohne Rücksicht.

7. Um das eine haben zu können, mußt Du bereit sein, auf etwas anderes zu verzichten. Was heute noch nicht reif ist, kannst Du nicht erzwingen. Wenn Du bewußt verzichtest, versäumst Du nie etwas.

8. Für Liebe und Sex hast Du immer brauchbare Alternativen, damit Dich niemand erpressen kann.

9. Für Dich sind Liebe, Sex und Befriedigung das, was sie sind und nicht, was andere daraus machen. Nichts daran ist gut, nichts ist schlecht. Alles ist richtig, was Du jetzt und hier für Dich richtig findest. Du allein bist der Maßstab des Lebens, das Dir entspricht.

18

Schmerz und Tod

1. Du lebst im Leben das Leben. Wenn es Zeit ist zu sterben, läßt Du das Leben los und stirbst so frei und glücklich, wie Du gelebt hast.

2. Wenn Du jeden Tag so lebst, als wäre es Dein letzter, kann Dich der Tod nicht überraschen.

3. Wie der Tod eins mit Deinem Leben ist, ist auch der Schmerz ein Teil von Dir.

4. Du fürchtest den Schmerz nicht, sondern wirst eins mit ihm.

5. Der Disharmonie im Körper beugst Du vor, indem Du die Harmonie des Geistes trainierst.

19

Angst, Erpressung und Verzicht

1. Jede Erziehung ist eine Erziehung durch Angst, Drohung und Erpressung. Wer Angst hat, ist erpreßbar. Du bist nicht erpreßbar, weil Du Dich selbst erziehst.

2. *Die drei größten Ängste* sind:
- Die Angst vor dem Unvorhersehbaren.
- Die Angst, etwas falsch zu machen und bestraft zu werden.
- Die Angst, etwas zu verlieren, woran man Dich gewöhnt hat.

3. Es gibt keine Angst, es sei denn, Du denkst: »Ich habe Angst.« Weil Du so bist, wie Du immer wieder denkst, lernst Du durch Dein bewußtes Denken, mit Deinen Ängsten richtig umzugehen:
- Du glaubst an Dich und zweifelst nicht.
- Du lebst nach Deinen eigenen Maßstäben und brauchst weder Kritik noch Strafe anderer zu fürchten.
- Du weißt selbst, was für Dich richtig ist, also

brauchst Du kein Lob anderer, das Dich manipulierbar macht.

• Du bist im Geist frei; das ist die Freiheit, in der Dich niemand beschränken kann.

• Du bist eins mit Dir und Deinem Leben, also bist Du auch eins mit der Angst.

4. Wenn Du die Kraft trainierst, Dein Leben zu leben, brauchst Du keine Niederlage zu fürchten, weil Du aus Niederlagen lernst, sie zu vermeiden.

5. Du stellst Dich der Angst und flüchtest nicht. Je besser Du die Angst kennst, um so besser kannst Du mit ihr umgehen:

• Du fragst: Wovor konkret fürchte ich mich?

• Du fragst: Woher kommt die Angst?

• Du fragst: Was ist das Schlimmste, das mir passieren kann?

• Du fragst: Was ist das Günstigste, das mir passieren kann?

• Du entscheidest, was Du selbst sofort tun kannst, um der Gefahr zu begegnen, die Du fürchtest.

• Du tust ohne Zögern, wozu Du Dich entschieden hast.

6. Eine Angst, der Du in das Gesicht blickst, kann Dich nicht hinterrücks überfallen.

7. Jede Angst hat eine Ursache. Wenn Du sie kennst, kannst Du sie an der Wurzel durch die bessere Alternative ersetzen.

8. Wenn Du im Hier und Jetzt lebst, wie es jedem Augenblick entspricht, gibt es nichts, was Dich überraschen könnte.

9. Niemand kann Dich durch Drohung erpressen, wenn Du bereit bist, auf alles zu verzichten.

10. Wenn Du eins mit Leben und Sterben bist, brauchst Du den Tod nicht zu fürchten. Niemand kann Dich mit etwas erpressen, wovor Du Dich nicht fürchtest. Es sei denn, etwas ist Dir mehr wert als Deine Freiheit.

20

Reden und Schweigen

1. Manchmal ist es richtig zu reden. Manchmal ist es richtig zu schweigen. Sowohl das Reden, als auch das Schweigen zur richtigen Zeit, haben die Kraft der Überzeugung.

2. Nicht alles, was Du sagst, muß Wahrheit sein, solange es Deine Wahrheit ist.

3. Es ist besser, Du sagst etwas Falsches, als Du verdrängst es aus Angst. Du sagst, was Du weißt, und sagst auch, was Du fühlst. Es sei denn, Dein Gefühl spricht für sich selbst.

4. Du redest, um etwas zu sagen. Aber Du redest auch, um etwas zu verbergen.

5. Du redest nicht aus Angst. Du redest nicht aus Eitelkeit. Wer aus Angst oder Eitelkeit redet, sagt meistens zu viel.

6. Du sagst, was Du in diesem Augenblick für richtig findest und läßt Dich durch nichts dazu ver-

leiten, etwas zu sagen, was Du jetzt nicht sagen willst.

7. Es ist besser Du lügst, als Du sagst etwas, das Dir schaden könnte. Wer Deine Ehrlichkeit fordert, will sich im manipulativen Spiel einen Vorteil verschaffen.

8. Wenn Du redest, weißt Du, was Du sagen willst. Aber Du läßt der Kreativität freien Lauf, wenn sie während des Redens neue Ideen gebiert.

9. Du redest nicht nur mit dem Mund. Du redest auch mit den Augen, mit dem Gesicht, mit den Händen und dem ganzen Körper. Du erkennst, wann eine Geste mehr sagt als alle Worte.

10. Wenn Du zuhörst, weil es besser ist zuzuhören, unterbrichst Du nicht.

11. Lachen und Weinen sind eine Sprache, die jeder versteht. Wenn Du sie nützen kannst, benützt Du sie. Wenn man Dich damit täuschen möchte, durchschaust Du es. Wenn Du die anderen nicht sagen läßt, was sie Dir sagen wollen, hören sie nicht auf das, was Du ihnen sagen willst.

12. Wer viel redet, will oft mehr verbergen, als er sagen möchte. Deshalb hörst Du auch, was nicht gesagt wird.

13. Wer Dich nicht versteht, dem brauchst Du nichts zu erklären. Du bist nicht dazu da, um andere zu belehren. Wer Dich nicht verstehen will, hat Gründe, die Du respektierst.

14. Wenn Du redest, sorgst Du dafür, daß man Dir zuhört. Wenn man Dir nicht zuhört, redest Du nicht. Wenn Du etwas sagen willst, sagst Du es zu Ende, auch wenn man Dich unterbricht. Wenn Du etwas nicht jetzt sagen kannst, sagst Du es später.

15. Woran Du glaubst, das sagst Du immer wieder. Auch, wenn andere es Dir jetzt nicht glauben wollen.

16. Es ist besser, nichts zu reden, als Nichtssagendes zu sagen.

17. Weil Wissen Macht bedeuten kann, gibst Du niemandem die Macht über Dich, indem Du ihm etwas sagst, was er im manipulativen Spiel gegen Dich verwenden kann. Es sei denn, Du willst, daß er es weiß.

18. Was Du sagst, muß nicht richtig sein, solange andere glauben, daß es richtig ist. Autorität besteht nicht darin, daß Du recht hast, sondern darin, daß andere glauben, daß Du recht hast.

• Wenn Du im manipulativen Spiel von dieser Autorität Gebrauch machst, weißt Du, daß sie gegen Dich verwendet werden kann, wenn man Dich durchschaut.

19. Die stärkste Überzeugungskraft hat nicht die Autorität, sondern Deine eigene Überzeugung, wenn Du sie in Deinem täglichen Handeln verwirklichst.

21

Kritik, Lob und Rechtfertigung

1. Kritik und Lob sind Instrumente des manipulativen Spiels. Wer das Lob anderer braucht und ihre Kritik fürchtet, ist von ihnen abhängig.

2. Du weißt, was Du willst. Du glaubst an Dich und handelst nach Deinen Maßstäben. So kann Dich niemand mit Lob und Kritik zu Deinem Nachteil manipulieren.

3. Wer Dich lobt, will Dich für sich gewinnen. Wer Dich kritisiert, will sich selbst erhöhen, indem er Dich erniedrigt. Oder er will sich für seine Fehler rechtfertigen, indem er Deine Fehler aufzeigt. Lob und Kritik sind Instrumente des manipulativen Spiels, mit denen Schlaue die Dummen bevormunden.

4. Wer kritisiert, will sich damit Autorität aneignen. Du überzeugst durch die Kraft Deiner eigenen Überzeugung und brauchst Deine Autorität nicht hervorzuheben. Wer sich durch Autorität täuschen läßt, besitzt selbst keine.

5. Du benützt Lob und Tadel, wenn es Dir im manipulativen Spiel einen Vorteil bringt. Denn Dein Vorteil ist wichtiger als der Nachteil anderer.

6. Weil jeder für sich selbst verantwortlich ist, gibt es keine Entschuldigung dafür, sich von anderen zu deren Vorteil manipulieren zu lassen.

22

Suchen, Wissen und die Wahrheit

1. Es gibt für Dich nur eine Wahrheit: Deine eigene Wahrheit. Wenn Du die Wahrheit anderer zu Deiner Wahrheit machst, bist Du davon abhängig und gibst Dir eine Blöße im manipulativen Spiel des Lebens.

2. Jeder Tag hat seine eigene Wahrheit. Die Wahrheit von gestern muß nicht mehr die Wahrheit von heute sein.

3. Du hörst nie auf, nach Deiner Wahrheit im Hier und Jetzt zu suchen. Wenn Du aufhörst zu suchen, hörst Du auf, Dein eigenes Leben zu leben.

4. Die Wahrheit ist nicht nur im Denken. Sie ist in allem. Du kannst sie sehen, fühlen und hören, wenn Du bereit bist, sie jederzeit und überall zu finden und zuzulassen.

5. Dein Wissen ist nur das, was Du hier und heute weißt. Es ist das Ergebnis ständigen Suchens. Weil jeder Tag ein neues Leben ist, aus dem Du

lernst, wächst Dein Wissen von Tag zu Tag, wenn Du bereit bist, es anzunehmen.

6. Der Zweck Deines Wissens ist sein praktischer Nutzen. Der praktische Nutzen besteht darin, immer besser zu erkennen, wie Du aus eigener Kraft möglichst frei und glücklich sein kannst.

7. Es genügt, wenn Dein Wissen Dich hier und jetzt glücklich macht, ohne Dir auf andere Weise zu nützen.

8. Für Dich bedeutet Wissen nicht, Dich darauf zu berufen, was Du von anderen gelernt hast. Wissen ist das Ergebnis Deines eigenen Suchens, Erkennens und Verstehens.

9. Du vergrößerst Dein Wissen, indem Du das Wissen von gestern mit dem Wissen von heute verbindest. Das kann auch bedeuten, daß Du das Wissen von gestern verwirfst, weil Du es heute besser weißt.

10. Das Wesen des Suchens ist die Neugier. Das Instrument des Suchens ist das Fragen. Suchen bedeutet, die Neugier zu befriedigen, bis Du keine Fragen mehr hast.

11. Wer das Suchen nach seiner Wahrheit durch Behauptungen ersetzt, will die Wahrheit nicht finden. Wer vor seiner Wahrheit flüchtet, kann sich selbst nicht finden.

12. Wer sich nur auf das Wissen anderer beruft, will seine eigene Wahrheit nicht kennen.

13. Der Zwiespalt mit Deiner Wahrheit beginnt, wenn Du an Deiner Wahrheit zweifelst und an die Wahrheit anderer glaubst. Es gibt keine Entschuldigung dafür, nicht über sich selbst mehr nachzudenken, als über irgend etwas anderes.

14. Der Konflikt beginnt, wenn Du Deine Wahrheit erkennst, aber sie zu verdrängen versuchst, weil sie Dir unbequem ist.

15. Wenn Du nach Deiner eigenen Wahrheit lebst, gibt es für Dich keine Lüge. Es sei denn, Du belügst Dich selbst.

16. Du brauchst Deine Wahrheit nicht zu beweisen. Die Wahrheit beweist sich selbst.

17. Du respektierst die Wahrheit anderer, auch wenn Du erkennst, daß sie nicht Deine Wahrheit

ist. Jeder ist für seine Wahrheit selbst verantwortlich.

18. Das vollkommene Wissen kommt nicht im Denken, sondern im intuitiven Erfassen, wenn Du eins mit Dir und dem Kosmos bist. Dabei ist Dein Herz unbewegt, und Dein Ich ist ohne Form.

19. Wissen hat keine Form. Wenn Dein Wissen zur Form wird, hindert es Dich daran, Deine Wahrheit immer neu zu suchen. Wenn Dein Herz bewegt ist, ist Dein Geist unruhig, und Du kannst die Wahrheit nicht erkennen. Denn in der Wahrheit ist die Ruhe der Erkenntnis.

20. Das Wissen ist nicht in den Zweigen am Baum der Erkenntnis, sondern in den Wurzeln. Das ist der Unterschied zwischen Form und Inhalt.

23

Mitleid und Helfen

1. Es gibt nur eine wirkliche Hilfe: Die Hilfe dabei, sich aus eigener Kraft selbst zu helfen.

2. Wer nicht bereit ist, sich selbst zu helfen, dem kann niemand wirklich helfen.

3. Je öfter Du Dir helfen läßt, um so mehr verlernst Du, Dir selbst zu helfen. Das macht Dich von Deinem Helfer abhängig. Deshalb ist das Helfen auch ein Instrument des manipulativen Spiels, um andere von sich abhängig zu machen.

4. Wenn Du jemandem Deine Hilfe versprichst, vergrößert sich seine Abhängigkeit mit der Zeit, in der Du ihn auf die Hilfe warten läßt. Du hilfst Dir selbst, statt Dich auf die Hilfe anderer zu verlassen. Wenn Du Helfer brauchst, machst Du Dich nicht von ihnen abhängig.

5. Wenn jemandem nicht geholfen wird, kann sein Leiden zur Motivation werden, sich selbst zu helfen. Es sei denn, er resigniert.

6. Mitleid ist Ermunterung zum Selbstmitleid. Wer Dein Mitleid sucht, will eine Rechtfertigung dafür, sich nicht selbst zu helfen. Du hilfst ihm nur, wenn Du ihn ermunterst, das Problem zu lösen, vor dem er in sein Leid flüchtet.

7. Leiden allein löst keine Probleme. Es schafft immer neue.

8. Den Wert einer Hilfe mißt Du an dem Ergebnis, und nicht an dem Lärm, mit dem sie verkündet wird.

9. Ob Du Dir selbst oder anderen hilfst: Die vier Schritte des Helfens bleiben gleich:
• Du erkennst das Problem.
• Du erkennst seine Ursache.
• Du findest die bessere Alternative.
• Du übst die Alternative solange ein, bis sie im Unterbewußtsein stärker verankert ist als die Ursache des Problems, das einer Lösung bedarf.

10. Nur wer sich selbst helfen kann, kann anderen helfen.

11. Wer Dich auffordert, anderen zu helfen, braucht Dein Schuldgefühl.

12. Wenn Du jemanden nicht überzeugen kannst, sich selbst zu helfen, braucht er einen Leidensweg, um zu einer eigenen Entscheidung zu kommen.

13. Du vergeudest keine Energie für jemanden, der nicht bereit ist, sich selbst zu helfen.

14. Wenn Du jemandem hilfst, sagst Du ihm, wie lange Du ihm helfen wirst. Wenn Du ihm keinen Termin setzt, gewöhnt er sich daran, die Verantwortung für sein Versagen Dir aufzulasten.

15. Wenn Du jemandem hilfst, erkennst Du, wann er beginnt, Dich zu Deinem Nachteil auszunützen.

16. Es ist besser, nicht zu helfen, als jemanden dabei zu unterstützen, vor der Lösung seines Problems zu flüchten.

17. Wer jemandem anderen hilft, um sein eigenes Schuldgefühl zu beruhigen, hilft weder sich noch dem anderen.

18. Das gilt auch für jemanden, der anderen hilft, um sich darüber hinwegzutäuschen, daß er unfähig ist, sich selbst zu helfen.

24

Partnerschaft und Verantwortung

1. Jede Partnerschaft beginnt bei Dir selbst. Du bist Dein verläßlichster Partner, wenn Du an Dich glaubst und mit Dir in Harmonie bist.

2. Mit Dir in Harmonie sein heißt:
• Du lernst aus Niederlagen, statt Dich selbst zu kritisieren oder nach Ausreden zu suchen.
• Du zweifelst nicht, weil Du an Dich glaubst.
• Wenn Du an Dich glaubst, kann niemand diesen Glauben erschüttern.
• Du bist für Dich selbst verantwortlich und läßt Dir von niemandem diese Verantwortung abnehmen.
• Du bekennst Dich zu Dir und verleugnest Dich nicht. Es sei denn, Du willst jemanden im manipulativen Spiel zu Deinem Vorteil täuschen.

3. Der Sinn einer Partnerschaft besteht darin, gemeinsam die Probleme des Lebens besser zu lösen, als Du sie allein lösen könntest.

4. Die beste Voraussetzung für die Partnerschaft ist nicht die Gleichheit, sondern die Ergänzung.

5. Partnerschaft heißt nicht Nachsicht mit dem anderen, sondern gegenseitige Einsicht in der kreativen Auseinandersetzung.

6. Partnerschaft ist der Respekt vor dem anderen, damit der andere Dich respektiert.

7. Partnerschaft bedeutet, so zu teilen, daß jeder daraus mehr gewinnt, als er investiert hat.

8. In der Partnerschaft hat jeder auf seine Weise recht. Du respektierst die Wahrheit des Partners, damit er Deine Wahrheit respektiert. Wenn er es nicht tut, bleibt Deine Wahrheit trotzdem Deine Wahrheit. Und seine Wahrheit bleibt seine. Ohne daß Du versuchst, ihn zu ändern.

9. Die Partnerschaft verliert ihren Sinn, wenn sie Dir mehr Sorgen als Freude bereitet. Dann ist es Zeit, ohne Rücksicht auf andere, eine Entscheidung zu fällen.

10. Du kannst mit keinem Partner glücklich sein, wenn Du nicht mit Dir selbst glücklich bist. Wie

Du auch niemanden lieben kannst, wenn Du Dich selbst nicht liebst.

11. Wenn Du an Dich selbst mehr glaubst, als an irgend jemand anderen, kann kein Partner Dich enttäuschen.

12. Das *Partner-Prinzip* ist die Alternative zum hierarchischen Prinzip. In der Partnerschaft übernimmt jeder zuerst die Verantwortung für sich selbst, ehe er die Mitverantwortung für eine gemeinsame Aufgabe übernehmen kann.

13. Im *hierarchischen Prinzip* übernehmen einer oder wenige die Verantwortung für andere und beanspruchen dafür eine Autorität.

14. Wenn einer für andere die Verantwortung übernimmt, heißt es nicht, daß er imstande wäre, die Verantwortung für sich selbst zu tragen.

15. Wer nicht imstande ist, die Verantwortung für sich selbst zu tragen und vorgibt, sie für andere übernehmen zu können, flüchtet sich in demokratische Entscheidungen. Aber eine falsche Entscheidung wird nicht richtig, nur weil sie demokratisch gefällt worden ist.

16. *Demokratische Entscheidungen* dienen dazu, daß kein einzelner die Verantwortung übernehmen muß.

17. In einer Partnerschaft übernimmt jeder die Verantwortung für sich selbst, damit sich niemand der Verantwortung entziehen kann.

18. Demokratische Entscheidungen dienen den Schlauen dazu, einen Erfolg für sich zu beanspruchen und für eine Niederlage die Dummen verantwortlich zu machen.

19. Du übernimmst die Verantwortung für Dich und Dein Handeln, damit Du von niemandem abhängig bist, der vorgibt, die Verantwortung für Dich zu übernehmen.

25

Gesellschaft, Moral und Kultur

1. Die Gesellschaft, in der Du lebst, ist niemand, dem Du Verantwortung schuldest. Wer sich auf die Gesellschaft beruft, will für sich daraus Nutzen ziehen.

2. Die Gesellschaft sind alle einzelnen wie Du.

3. Wer Schutz in der Gesellschaft sucht, hält sich für unfähig, sich selbst zu schützen. Er wird von seinen Beschützern zu deren Vorteil benützt.

4. Moral ist ein bewährter Vorwand für das manipulative Spiel mit den Gläubigen, die keine eigenen Maßstäbe für sich haben.

5. Die Maßstäbe der Moral werden von ihren Nutznießern so hochgesteckt, daß keiner, der sich ihnen unterwirft, sie erfüllen kann. Das macht ihn zum dauernden Verlierer im manipulativen Spiel des Lebens. Wer nach seinen eigenen Maßstäben lebt und an sich glaubt, kann mit Schuldgefühlen nicht erpreßt werden.

6. Das Prinzip von Schuld und Sühne lautet: Wer sich schuldig fühlt, weil er nicht tut, was von ihm erwartet wird, bezahlt mit der Sühne an die Leute, die als Beschützer der Moral davon profitieren.

7. Du überprüfst die selbsternannten Beschützer der Moral nach ihrem Handeln und nicht nach ihren Reden, ehe Du Dir Deine Meinung bildest.

8. Der beste Schutz gegen Erpressung mit der Moral ist das Bekenntnis, nach seinen eigenen Maßstäben zu leben.

9. Du lebst in der Drei-Klassen-Gesellschaft:
• Die Klasse der Schlauen, die den Dummen vorschreiben, was sie denken, glauben, hoffen und kaufen sollen.
• Die Klasse der Dummen braucht die Schlauen, weil sie nicht selbst weiß, was sie denken, glauben, hoffen und kaufen soll.
• Die Klasse der Gescheiten weiß es selbst und handelt danach.

10. Eine freie Gesellschaft gibt es nur für jemanden, der selbst frei ist. Weil Du alles Dir Mögliche tust, um frei zu sein, bist Du überall und in jeder Gesellschaft frei.

11. Du hast Deine eigenen Maßstäbe und brauchst keine Moral, die Dich am Leben nach Deinen Bedürfnissen hindert. Ohne Schuldgefühle bist Du unangreifbar.

12. Die Kultur ist in Dir selbst und in jedem einzelnen und äußert sich in dem, wie er sein Leben lebt. Sie ist eine Realität des Lebens selbst und kann von niemandem verordnet oder verwaltet werden.

13. Wenn Kultur verwaltet wird, hört sie auf, ein Bestandteil des Lebens zu sein, das sich an jedem Tag unwiederbringlich weiterentwickelt.

14. Kultur ist nicht das, was gestern von Bedeutung war, sondern das, was heute aus der Kultur von gestern geworden ist. Weil sich das Leben hier und heute vollzieht, ist das, was Du hier und heute lebst, Deine Kultur.

15. Die Fähigkeit, aus dem Leben für das Leben zu lernen, macht Dich zu einem Bestandteil der Kultur.

16. Deine Kultur ist, wie Du denkst, was Du erreichen willst und wie Du es erreichst. Der Maß-

stab Deiner Kultur ist, in welchem Maße Du frei und glücklich bist.

17. Wenn Du Dir bewußt bist, daß Du selbst ein Bestandteil der Kultur bist, brauchst Du niemanden, der sie Dir zu seinem Vorteil erklärt oder verkauft.

26

Die Medien

1. Die Medien sind keine moralische Anstalt, auch wenn sie diesen Anspruch erheben. Sie sind eine Industrie der Manipulation, die den Interessen ihrer Besitzer dient.

2. Medien gestalten eine künstliche Welt, in der ihre Gläubigen Ersatz für die Befriedigung ihrer Bedürfnisse finden, die sie in ihrer realen Welt nicht befriedigen können. Die Medien ermöglichen den Dummen ein Leben aus zweiter Hand, weil sie unfähig sind, es aus erster Hand zu erleben.

3. Du lebst Dein Leben täglich aus erster Hand, indem Du Dich der Realität stellst. Du erlebst das Leben und schaust ihm nicht zu.

4. Du benützt die Medien, wie es Deinem eigenen Nutzen und Deinen Maßstäben entspricht.

5. Du erlebst Dein Leben in der Realität jedes Tages und löst die Probleme, statt vor ihnen in eine Scheinwelt zu flüchten.

6. Du träumst Deine eigenen Träume, durchlebst Deine eigenen Leiden und schaffst Dir aus eigener Kraft die Welt, die Dir entspricht.

7. Wer sein Leben aus erster Hand lebt, braucht niemanden, aus dessen Heldentaten er sein Glück aus zweiter Hand suchen muß.

27

Staat, Religion, Parteien, Wettbewerb

1. Der Staat ist für Dich da, nicht Du für den Staat. Wer vorgibt, der Staat zu sein, will nur auf Kosten der Dummen daraus Nutzen ziehen.

2. Der Staat ist eine Organisation, mit der die Schlauen in den Dummen die Hoffnung erwecken, ihr Bestes zu wollen.

3. Wenn der Staat nicht den Vorstellungen der Bürger entspricht, liegt es an ihnen, den Staat zu ändern.

4. Religionen und Parteien versprechen dem Bürger ein besseres Leben, wenn er die Opfer bringt, die man von ihm erwartet.

5. Religionen und Parteien bieten ihren Gläubigen die Hoffnung auf kollektives Glück an, für den Verlust der individuellen Freiheit.

6. Der Maßstab Deines Lebens ist das Glück, das Du in der individuellen Freiheit aus eige-

ner Kraft nach eigenen Vorstellungen erreichen kannst.

7. Indem Du Dich selbst änderst, änderst Du die Welt, in der Du lebst. Das ist die Vorstellung des Individualismus, nach der jeder seine eigene Welt gestalten kann. Vorausgesetzt, er ist bereit, dafür die Verantwortung zu übernehmen.

8. Im freien Wettbewerb hat jeder die Chance, auf Kosten anderer seinen eigenen Vorteil wahrzunehmen. So gesehen, ist der freie Wettbewerb der Ausdruck des manipulativen Spiels.

9. Im freien Wettbewerb gibt es keine soziale Rücksicht. Jeder ist sich selbst der Nächste, wie es dem Überlebensprinzip der Natur entspricht.

10. Friede, Gleichheit und Nächstenliebe sind Hoffnungen, mit denen die Schlauen die Dummen für ihre Interessen nützen. Die einzige Freiheit besteht darin, daß sich jeder selbst entscheiden kann, ob er zur Klasse der Schlauen, Dummen oder Gescheiten gehören will.

11. Wie immer sich ein Bürger entscheidet, er muß wissen, worauf er verzichten muß, um das

haben zu können, worin er für sich den Sinn seines Lebens sieht.

12. Ein freier Bürger bist Du nur, wenn Du Dich nicht mit anderen vergleichst, weil Du selbst weißt, was Du willst.

28

Die Kraft des Kosmos

1. Es gibt zwei Kräfte, die Dein Leben bestimmen:
• Die Kraft des Kosmos, die alles Leben und den Lauf der Dinge bestimmt.
• Die Kraft, die Du aus Dir selbst schöpfst, um das Leben zu leben, wie es Dir entspricht.

2. Weil Du ein Teil des Kosmos bist, ist auch die Kraft des Kosmos in Dir, wenn Du eins mit dem Kosmos bist.

3. Der Kraft des Kosmos liegt die Ordnung des Kosmos zugrunde.

4. Durch die tägliche Meditation wirst Du eins mit dieser Ordnung. Du lebst nicht gegen sie, Du lebst mit ihr.

5. Du brauchst niemanden, der Dir die große Ordnung erklärt, weil Du sie in Dir selbst findest.

6. Wenn Du eins mit Dir selbst und der großen Ordnung bist, gelingt Dir alles.

7. Wenn Du nur nach Deiner eigenen Ordnung lebst, aber die große Ordnung nicht in Dir aufgenommen hast, gelingt Dir nur die Hälfte. Wenn Du weder mit Dir noch mit der großen Ordnung in Harmonie bist, gelingt Dir nichts.

8. Du verbindest Dich mit der Kraft des Kosmos an jedem Tag, um die Kraft in Dich aufzunehmen, die Du brauchst, um an diesem Tag so zu leben, wie es diesem Tag entspricht.

9. Du lebst Dein Leben, wenn es Dir und der Ordnung des Kosmos entspricht. Das ist der Maßstab Deines Lebens. Nichts anderes.

29

Werden, Wachsen und Vergehen

1. Das Gesetz des Kosmos ist das Gesetz von Ordnung und Chaos. Es ist das Gesetz von Werden, Wachsen und Vergehen.

2. Dein Leben ist wie alles Leben:
• Es wird, weil es aus der Spannung zwischen Ordnung und Chaos geboren wird.
• Es wächst, wenn Du es sich auf seine Weise entfalten läßt.
• Es vergeht, wenn es seine ganze Kraft verbraucht hat und zurückkehrt, woher es gekommen ist, um vielleicht neu zu werden, zu wachsen und wieder zu vergehen.

3. Das ist der Lauf des Kosmos und des Lebens, in dem Du wirst, wächst und vergehst. Deshalb lebst Du im Leben und stirbst, wenn Deine Zeit gekommen ist.

4. Du kannst die Gesetze des Tages nicht befolgen, wenn Du die Gesetze des Lebens nicht befolgst. Wenn Du die kleinen Dinge des Tages

erfüllst, folgen die großen Dinge ganz von selbst. Denn alles Große im Leben beginnt mit einem kleinen Impuls, den Du wachsen läßt, damit er sich zur vollen Blüte entfalten kann.

5. Wenn Du täglich Dein Leben nach dem Gesetz von Werden, Wachsen und Vergehen lebst, versäumst Du nichts.

30

Der Sinn Deines Lebens

1. Dein Leben hat den Sinn, den Du ihm gibst.

2. Wenn Du Deinem Leben einen Sinn gibst, aber Du erfüllst ihn nicht, lebst Du nicht das Leben, das Du leben könntest.

3. Du kannst den Sinn Deines Lebens nicht erfinden. Niemand kann ihn Dir sagen. Du kannst ihn nur aus Dir selbst intuitiv erfassen, wenn Du nie aufhörst, Dich darum zu bemühen.

4. Wenn Du Dich nicht kennst und nicht eins bist mit Dir und dem Kosmos, kannst Du den Sinn Deines Lebens nicht erkennen und bist nur eine Kopie Deiner Erziehung.

5. Die große Entscheidung, der niemand entgehen kann, lautet:
• Lebe ich das Leben, wie es den Forderungen anderer entspricht?
• Oder lebe ich das Leben, wie es mir selbst entspricht?

6. Der Sinn Deines Lebens besteht darin, aus eigener Kraft frei und glücklich zu sein.

7. Wenn Du heute frei und glücklich bist, mußt Du es morgen nicht auch sein. Weil jeder Tag ein neues Leben ist, gibt es keine Garantie für Freiheit und Glück. Du kannst Dich nur an jedem Tag mit aller Kraft darum bemühen.

II

Das Buch der Techniken

>> *Wie frei und glücklich Du im Leben
bist, hängt davon ab, wie es Dir
gelingt, die Probleme zu lösen,
die Deinem Glück und Deiner
Freiheit im Wege stehen.* <<

Das Buch der Techniken beruht auf den zwei Erkenntnissen: »Der wahre Fortschritt unserer Zeit ist die Rückkehr zu sich selbst« und »Bring die kleinen Dinge Deines Lebens in Ordnung, dann folgen die großen ganz von selbst«.

Es entspricht der Strategie der Bevormundung, daß den Dummen die Maßstäbe des Lebens in Verbindung mit Strafandrohung anerzogen werden. Aber kaum jemals erhalten sie konkrete Anregungen, wie sie ihr Leben aus eigener Kraft und mit ihren individuellen Möglichkeiten verwirklichen könnten.

Der Lehrer ermahnt seinen Schüler: »Konzentrier Dich doch« oder »Reiß Dich zusammen«, aber er sagt ihm nicht, wie man sich konzentriert oder sich »zusammenreißt«. Mit anderen Worten: Man sagt den Dummen, was sie tun sollen – aber man sagt ihnen nicht, wie sie es aus eigener Kraft tun könnten. Dadurch bleiben sie ein Leben lang von den »Wissenden« abhängig.

Die Techniken des Lebens sollen das Herrschafts-
wissen der Schlauen bleiben, als die Grundlage
der lebenslangen Bevormundung der Dummen.
Alle Autoritätsansprüche beruhen auf diesem
Prinzip. Hier sind einige Beispiele:
• Nur Richter und Anwälte beherrschen den
Umgang mit den Gesetzen, die längst für den
Dummen unüberschaubar und in einer für ihn
unverständlichen Sprache abgefaßt sind.
• Wissenschaftler entdecken immer neue Krank-
heiten und drohen mit deren Folgen. Aber es gibt
keine Wissenschaft, die konkrete Anweisungen
gäbe, wie diese Krankheiten durch einfache
Lebens-Techniken vermeidbar wären.
• Natürlich gibt es auch an Universitäten keine
Lehrstühle, an denen das Glücklichsein aus eige-
ner Kraft gelehrt würde.
• Politiker und Funktionäre berufen sich auf das
Monopol, in unserem Namen und auf unsere
Kosten für Recht und Ordnung zu sorgen. Und
sie wachen eifersüchtig darüber, daß der dumme
Bürger sich vor der ständig wachsenden Krimina-
lität nicht selbst beschützt.

Im Buch der Techniken sind zehn Techniken aufgenommen, mit deren Hilfe sich Gescheite aus
der Bevormundung befreien, um die Gestaltung

106

ihres Lebens selbst in die Hand zu nehmen. Statt
ein Leben lang vom Wissen und der Hilfe der
Schlauen abhängig zu sein.

Der erste Schritt jeder Selbsthilfe wird immer
darin bestehen, sich bewußt zu machen, welche
Möglichkeiten und Fähigkeiten die Natur jedem
von uns zur Verfügung stellt.

»Bring die kleinen Dinge des Lebens in Ordnung, dann folgen die großen ganz von selbst«
bedeutet nichts anderes, als die Entscheidung:
Hilf Dir selbst, sonst hilft Dir keiner. Oder, wie es
im Buch des Lebens, Abschnitt 4, Punkt 3 heißt:
»Du trägst die Verantwortung für Dich und alles,
was Du tust. Du bist für niemand anderen verantwortlich, nur für Dich selbst.«

1

Das Atmen

1. Das Atmen ist der Rhythmus Deines Lebens. Du übst das richtige Atmen, bis *Es* Dich richtig atmet.

2. Du atmest mit dem Rhythmus Deines Lebens und nicht gegen ihn. Du zwingst Deinem Körper nicht das Atmen auf, sondern der Körper zeigt Dir das richtige Atmen, und Du läßt es zu.

3. Beim ruhigen tiefen Einatmen spürst Du, wie die Energie des Kosmos in Dich strömt. Beim ruhigen langen Ausatmen spürst Du, wie sich Geist und Körper mit der Kraft des Kosmos füllen.
• Es heißt: »Wenn die Energie des Kosmos tief in Deinen Körper aufgenommen wird, wachsen Dir übernatürliche Kräfte zu.«

4. Wer Angst hat, atmet flach und kurz. Wer stark ist, atmet voll und tief.

5. Wenn Du den Körper mit der Energie des Kosmos füllst, atmest Du in das Zentrum unterhalb des Nabels.

6. Wenn Du Geist und Gefühle mit der Kraft des Kosmos füllst, atmest Du in das Zentrum im verlängerten Rückenmark in der Höhe des Mundes.

7. Wenn Du einen kranken Punkt des Körpers mit der heilenden Kraft des Kosmos füllst, lenkst Du den Atem zu diesem Punkt und stellst Dir vor, wie sich der Punkt erwärmt und heilt.

8. Mit der richtigen Atmung schaffst Du Harmonie in Dir und Deinem Leben, weil alles Leben wie der Kosmos atmet.

9. In der Offensive greifst Du mit dem Ausatmen an. Beim Einatmen bist Du verwundbar.

10. Das Atmen ist ein Instrument der Vorstellungskraft, mit dem Du Dein Unterbewußtsein erreichst.

11. Wenn Du Angst hast, atmest Du sie kräftig aus. Wenn Du Dich ärgerst, atmest Du den Ärger kräftig aus. Wenn Du Kraft und Konzentration brauchst, atmest Du sie kräftig ein.

2

Spannung und Entspannung

1. Spannung allein ermüdet. Entspannung allein kostet Dich Kraft. Der Antrieb entsteht im Ausgleich zwischen beiden.

2. Spannung und Entspannung, Bewegen und Verharren sind die natürlichen Rhythmen des Lebens, wie Tag und Nacht, Ebbe und Flut, Einatmen und Ausatmen.

3. Wenn Du einatmest, entstehen Spannung und Energie. Wenn Du ausatmest, entspannst Du Dich, indem Du alle Spannung und Energie auf eine Sache richtest.

4. Im Ausgleich zwischen Spannung und Entspannung entsteht die Bewegung. Dein ganzes Leben ist Bewegen. Du bewegst Dich vor, wenn es richtig ist, Dich vorzubewegen. Du bewegst Dich rückwärts, wenn es besser ist, Dich zurückzuziehen.

5. Du übst das Verharren, wenn es besser ist zu verharren, nachzudenken und in der Entspannung

neue Kräfte zu sammeln. So entgehst Du der Hast und läßt Dir von nichts und niemandem den Rhythmus aufzwingen.

6. Die drei Elemente des Entspannens sind: Die richtige Haltung, das ruhige Atmen und das richtige Denken. So lange, bis Du aufhörst zu denken und Dich im Nicht-Denken vollkommen entspannst:
• Du nimmst die richtige Haltung im Sitzen ein: Der Kopf ist leicht geneigt, der Rücken gerade, die Augen geschlossen. Du läßt die Schultern fallen und bist ganz locker.
• Du atmest ruhig ein und lange aus. Du entspannst Dich mit dem Gedanken und der Vorstellung: »Ich bin ganz ruhig und entspannt.«

7. Beim Entspannen läßt Du los. Du läßt den Körper los. Du läßt alle Gedanken los. Du willst nichts und erwartest nichts.

8. Wenn Du Dich entspannt hast, atmest Du kräftig aus und öffnest die Augen.

9. Spannung und Entspannung erfährst Du nur, wenn Du sie an jedem Tag trainierst, bis sie ein Teil von Dir sind.

112

3

Der Weg ins Unterbewußtsein

1. Dein ganzes Leben wird von drei Voraussetzungen bestimmt:
• Von dem, was in Dir ist, wenn Du geboren
wirst.
• Von dem, wie andere Dich durch die Erziehung
nach ihren Vorstellungen programmieren.
• Von dem, wie Du Dich selbst nach Deinen
eigenen Vorstellungen programmierst.

2. Die Schaltzentrale Deines Denkens und Ver-
haltens ist Dein Unterbewußtsein. Wie es programmiert ist, so lebst Du.

3. Das Instrument für das Programmieren des
Unterbewußtseins ist das Zusammenwirken zwi-
schen Deinem bewußten Denken und Deinem
Unterbewußtsein.

4. Wenn das Zusammenwirken in Harmonie ist,
handelst Du nach Deinen Vorstellungen. Wenn es
nicht in Harmonie ist, wird Dein Leben von Kon-
flikten gestört.

5. Konflikte entstehen, wenn Du Deine Bedürfnisse und Wünsche nicht lebst, sondern unterdrückst und verdrängst.

6. Alles was Du verdrängst, entzieht sich Deiner bewußten Kontrolle. Es bleibt ein ungelöster Konflikt, der aus dem Unterbewußtsein Dein Denken und Handeln hemmt.

7. Wenn Dein Unterbewußtsein vom Programm Deiner Erziehung bestimmt wird, hemmen die Maßstäbe anderer die Erfüllung Deiner eigenen Bedürfnisse.

8. Die im Unterbewußtsein verankerten Hemmungen der Erziehung kannst Du nicht durch den bewußten Willen ersetzen, sondern nur durch das geduldige Programmieren des Unterbewußtseins mit Deiner eigenen Alternative. Deine Alternative zum Programm Deiner Erziehung ist die Entscheidung, Dich selbst zu erziehen.

9. Dein Unterbewußtsein erreichst Du, indem Du beharrlich das denkst, was Du erreichen willst. So lange, bis es stärker verankert ist, als alles, was Dich daran hindert, so zu handeln, wie Du handeln willst.

10. Du bist so, wie Du denkst und wirst so, wie Du immer wieder denkst. Bis es sich über die Schaltzentrale des Unterbewußtseins ganz von selbst als Handlung manifestiert.

11. Das Unterbewußtsein programmierst Du in der Entspannung. Die Entspannung erreichst Du durch die entspannte Haltung an einem ruhigen Ort, durch das ruhige tiefe Atmen und die Konzentration auf Dein inneres Ich.

12. Mit Haltung, Atmen und die Konzentration auf Dein inneres Ich steigst Du aus dem Lebens-Rhythmus, den andere Dir aufzwingen, um in den Rhythmus, der Dir entspricht.

13. Dein Unterbewußtsein wertet nicht, es gehorcht jeder Programmierung. Wenn Du es nicht mit Deinen eigenen Vorstellungen programmierst, tun es andere nach ihren.

14. Wenn Du immer wieder an Ängste denkst, setzt Dein Unterbewußtsein die Angst in Deinem Handeln um. Wenn Du immer wieder denkst: »Was auch geschieht, ich schaffe es«, motiviert das Unterbewußtsein Dein Handeln mit dem Glauben an den Erfolg.

15. Du trainierst Dein Unterbewußtsein mit allem, was Du denkst. Wenn Du zweifelst, ersetzt Du den Zweifel durch den Glauben, daß Du alles erreichen kannst. So lange, bis der Glaube stärker ist als alle Zweifel.

16. Dein Glaube an Dich ist unauslöschbar in Deinem Unterbewußtsein programmiert. Du denkst den Glauben an Dich nicht nur, Du fühlst ihn auch und gestaltest ihn im Geist mit der Kraft Deiner Phantasie.

17. Du benützt Deine Phantasie, um in Deinem Unterbewußtsein das erfolgreiche Ergebnis Deines Handelns vorwegzunehmen. Nach dem Prinzip: Wenn der Geist gesiegt hat, folgt ihm der Körper ganz von selbst.

18. Die Kraft des Unterbewußtseins braucht den Einklang zwischen Deinem Ich – das bewußt denkt und entscheidet – und dem unterbewußten Ich, das Dein Handeln lenkt.

19. Wenn das bewußte Ich entschieden hat, stört kein Denken mehr den unbewußten Vollzug des Handelns.

20. Du vergißt nicht, daß jedes Handeln dem Prinzip des Trainierens unterliegt. Es lautet: Was Du können und erreichen willst, mußt Du Schritt für Schritt so lange durch Handeln verbessern, bis es sich ganz von selbst nach Deiner Vorstellung vollzieht.

21. Das heißt: Im Planen und Entscheiden denkst Du, aber im Handeln handelst Du im Glauben an den Erfolg, ohne daß ein Gedanke des Zweifels ihn behindern könnte.

4

Das Meditieren

1. Durch Dein Denken erkennst Du, wer Du bist, was Du willst und wie Du es erreichen kannst. Durch das Programmieren des Unterbewußtseins bestimmst Du Dein Handeln. Durch das Meditieren stellst Du die große Einheit zwischen Dir und dem Kosmos her.

2. *Das sind die drei Welten, in denen Du lebst:*
• Die Welt in Dir in Deiner unverwechselbaren Einmaligkeit.
• Die Welt mit anderen, die das Leben nach Deinen eigenen Vorstellungen unterstützen oder behindern.
• Die Welt des unendlichen Kosmos, dessen großer Ordnung alles unterliegt.

3. Du lebst im Einklang mit dieser Ordnung und nicht im Widerspruch zu ihr.

4. Damit Du eins mit der großen Ordnung sein kannst, meditierst Du.

5. Durch das Meditieren löst Du Dich aus der Welt Deines Ich und der Welt mit anderen im Hier und Jetzt und wirst eins mit der grenzenlosen, zeitlosen Unendlichkeit des Kosmos.

6. Erst wenn Du alle drei Welten in Dir vereinst, lebst Du in Harmonie mit Leben und Sterben.

7. Du meditierst, ohne etwas zu wollen und zu erwarten in absichtsloser Absicht, bis alles von selbst geschieht, was geschehen soll.

8. Du meditierst an jedem Tag eine Stunde lang. Du meditierst nicht, wie andere meditieren, denn das Meditieren ist allein Deine persönliche Erfahrung. Es ist der Weg zu Dir, den Du nur auf Deine Weise gehen kannst. Deshalb gibt es auch kein richtiges oder falsches Meditieren.

9. Beim Meditieren befolgst Du die drei Elemente des Entspannens: die richtige Haltung, das ruhige Atmen und das richtige Denken, bis Du Dich im Nicht-Denken verlierst.

10. Du nimmst die richtige Haltung ein: Du sitzt, der Kopf ist locker geneigt, der Rücken gerade, die Augen geschlossen.

11. Du atmest kurz ein in Dein Körper-Zentrum unterhalb des Nabels, und atmest lange aus. Du entspannst Dich mit den Gedanken: »Ich bin ganz ruhig und entspannt. Ich lasse alles los und alles zu.«

12. Du sitzt aufrecht, die Beine im Halb-Lotus-Sitz verschränkt, der linke Fuß auf dem rechten Oberschenkel.

13. Die Hände – die linke Hand auf der rechten – liegen im Schoß. Die Daumenspitzen berühren einander leicht. Die Ellbogen sind zwanglos am Körper angelegt.

14. Die Wirbelsäule ist aufrecht und leicht durchgestreckt.

15. Alle Gedanken ziehen an Dir vorbei, bis Du nicht mehr denkst, nichts mehr erwartest und nichts mehr willst.

16. Es ist nicht wichtig, wie Du meditierst. Es gibt keine Vorschrift, außer der einen: Du meditierst an jedem Tag, bis Dein ganzes Leben Meditation ist und Du das Meditieren nicht mehr zu üben brauchst.

120

5

Das Entscheiden

1. Alles, was Du tust, beginnt bei der Idee, es zu tun. Die beste Idee ist nichts, wenn Du sie nicht verwirklichst. Das gilt auch für die Entscheidung.

2. Wenn Du nicht selbst entscheidest, tun es andere für Dich.

3. Jede richtige Entscheidung hat ein Vorher und ein Nachher. Vorher suchst Du nach der Antwort auf sieben Fragen:
- Was spricht dafür?
- Was spricht dagegen?
- Was nützt es anderen?
- Was nützt es Dir?
- Besitzt Du die Fähigkeiten, die das Verwirklichen Deiner Entscheidung erfordert?
- Wenn Du diese Fähigkeiten noch nicht besitzt – wie kannst Du sie erwerben. Oder ist der Aufwand, verglichen mit dem Ergebnis, zu groß?
- Wie groß ist das Risiko, und ist es Dir wert, es einzugehen? Aber das Risiko von heute kann sich morgen schon zu Deinem Vorteil ändern.

121

4. Wenn Du die Entscheidung mit dem Geist geprüft hast, prüfst Du sie mit Deinem Gefühl. Wenn Du sie mit dem Gefühl geprüft hast, prüfst Du sie mit Deinem Instinkt. Dann prüfst Du, ob die Entscheidung dem Plan für Dein Leben und Deinen Maßstäben entspricht.

5. Wenn Du alles mit Geist, Gefühl und Instinkt und nach Plan und Maßstäben geprüft hast – entscheidest Du ohne Zögern.

6. Du entscheidest für Dich und nicht für andere. Du entscheidest selbst und läßt nicht andere für Dich entscheiden.

7. Wenn eine Entscheidung falsch war, ziehst Du ohne Zögern die Konsequenz. Es ist besser, einen Fehler rechtzeitig einzusehen, als wider besseres Wissen ins Verderben zu rennen.

8. Wenn Du entschieden hast, zweifelst Du nicht. Du bist eins mit der Entscheidung und konzentrierst Dich ganz auf ihre Verwirklichung.

9. Bevor Du entscheidest, denkst Du. Wenn Du entschieden hast, handelst Du ohne zweifelnde Gedanken. Erfüllt vom Glauben an Dich.

10. Du entscheidest ganz und nicht halbherzig.

11. Es ist besser, falsch zu entscheiden, als gar nicht. Denn aus den Fehlern Deines Handelns kannst Du lernen. Wenn Du aus Angst nicht entscheidest, trainierst Du damit die Flucht vor Entscheidungen.

12. Nach der Entscheidung trägst Du die Verantwortung. Es gibt weder eine Entschuldigung, Schuld-Zuweisung oder einen Kompromiß. Eine Entscheidung ist entweder richtig oder sie ist falsch.

13. Den Wert Deiner Entscheidung mißt Du an nichts anderem als am Ergebnis. Nur wenn das Ergebnis dem geplanten Ziel entspricht, war die Entscheidung richtig. Das Ziel bestimmst Du allein und niemand anderer.

14. Du allein entscheidest, wann der richtige Zeitpunkt für eine Entscheidung gekommen ist.

15. Der richtige Zeitpunkt ist gekommen, wenn Du alles weißt, was Du wissen sollst, und der Glaube an den Erfolg stark genug ist, um die Entscheidung erfolgreich zu verwirklichen.

16. Du entscheidest nicht aus Ungeduld, Angst oder wenn andere Dich dazu drängen. Es ist besser, auf etwas zu verzichten, als Dich drängen oder erpressen zu lassen.

17. Das Entscheiden ist ein Schlüssel im manipulativen Spiel des Lebens. Damit Du einen Gegner beeinflussen kannst, entscheidest Du für ihn, noch ehe er selbst es tut. Wenn andere Dich manipulieren wollen, versuchen sie, Dich zu einer Entscheidung zu drängen, noch ehe Du die Folgen bedenken kannst.

18. Du weißt selbst, was Du willst und brauchst. Das sind die Maßstäbe nach denen Du alle Einflüsse prüfst, ehe Du entscheidest.

6

Die Konzentration der Energie

1. Im Kosmos ist die Energie, die den Lauf der Dinge und Dein Leben bestimmt. Wenn Du sie aufnimmst, gibt sie Dir die Kraft, alles zu erreichen.

2. Die Energie konzentrierst Du mit der Atmung. Beim Einatmen strömt sie in das Zentrum Deines Körpers und sammelt sich. Beim Ausatmen entfaltet sie sich ganz, wenn Du sie nicht zurückhältst.

3. Wenn Du den Strom der Energie durch die Konzentration Deiner Gedanken und Vorstellungen bündelst, kann sie ihre größte Kraft dort entfalten, wo Du sie brauchst.

4. Das ist die Konzentration der Energie, wie es dem Prinzip des Konzentrierens entspricht. Es lautet: Konzentration heißt, alle Gedanken, Gefühle und Energie auf das zu lenken, was Du jetzt und hier tust. Konzentration ist nichts, was Dir gegeben ist. Du übst sie täglich, bis sie Dir gehorcht.

5. Wenn Du die Energie konzentrierst, schöpfst Du sie vollständig aus. Energie, die Du zurückhältst, nützt Dir nichts – sie schadet Dir. Wie alles, was Du verdrängst.

6. Wenn Du die Energie konzentriert und Dein Ziel erreicht hast, entspannst Du Dich. Denn die Konzentration der Energie unterliegt dem Gesetz von Spannung und Entspannung.

7

Das Planen

1. Alles, was Du erreichen willst, braucht zuerst ein konkretes Ziel und dann einen konkreten Plan für den Weg, mit dem Du Schritt für Schritt das Ziel erreichen kannst.

2. Das Ergebnis kannst Du mit sechs Prüfungen messen:
• Wie konkret Ziel und Vorstellung dessen waren, was Du erreichen wolltest.
• Wie Du Dich selbst und die Hindernisse eingeschätzt hast, die Deinem Vorhaben im Wege standen.
• Wie gut Dein Plan war, diese Hindernisse zu bewältigen.
• Wie stark die Kräfte und Fähigkeiten waren, die Du auf Dein Handeln konzentrieren konntest.
• Wie gut Deine Strategie war, Deine Kräfte zur richtigen Zeit am richtigen Platz richtig einzusetzen.
• Wie stark Dein Glaube an Dich selbst war, um alle Zweifel auszuschalten.

3. Ein Vorhaben zu planen heißt, ein Ziel festzulegen und die Schritte zu kennen, wie Du es erreichen kannst.

4. Du kannst das größte Ziel erreichen, wenn Du den Weg in kleinen machbaren Schritten planst und mit Geduld und Ausdauer verwirklichst.

5. Die Ungeduld ist der größte Feind bei der Befolgung eines Plans.

6. Kein Plan ist wichtiger als die Sache, der er dient. Der Plan ist nur der Rahmen für das Vorgehen, bei dem sich aus jedem Schritt der nächste ergibt. Mit dem, was Du bei jedem Schritt lernst, verbesserst Du Deinen Plan für den nächsten Schritt.

7. Es ist besser, den Plan zu ändern, als einen falschen Schritt zu machen, der das Ziel in Frage stellt.

8. Es ist besser, etwas zu riskieren, als sich auf die Sicherheit eines Plans zu verlassen. Erfolgreiches Handeln braucht Kreativität. Kreativität braucht die Freiheit des Denkens und die Bereitschaft zum Risiko.

9. Die vier wichtigsten Voraussetzungen des Planens sind:
- Alles über ein Vorhaben zu wissen, was Du wissen kannst.
- Möglichst viel von dem zu erahnen, was Du nicht wissen kannst.
- Die Kräfte richtig einzuteilen.
- Die Erfordernisse sorgfältig vorzubereiten, und die Folgen richtig einzuschätzen.

10. Bewegliches Planen ist das Gegenteil eines starren Plans. Es ermöglicht Dir das Handeln im Hier und Jetzt, wie es dem Augenblick entspricht. Letzten Endes entscheidet immer die Qualität des Ergebnisses und nicht die Qualität des Plans. Der beste Plan ist falsch, wenn er nicht zum geplanten Ziel führt.

11. Der Plan zeigt Dir die Richtung, die Kreativität zeigt Dir, wie Du das Unerwartete bewältigen kannst.

8

Angriff und Abwehr

1. Wenn Du frei sein willst, hast Du Gegner. Wenn Du nicht tust, was andere von Dir erwarten, greifen sie Dich an.

2. Du greifst nicht an, weil Du frei von Aggressionen bist, die Du gegen andere richten müßtest, um Dich selbst zu bestätigen.

3. Du wehrst nicht ab, um zu siegen, sondern um Deine Freiheit zu schützen. Wenn jemand Deine Freiheit angreift, lenkst Du den Angriff so lange ins Leere, bis die Aggression erlahmt.

4. Wenn jemand Deine Gefühle angreift und auf Deinen Stolz oder Deine Ehre zielt, ist Dein Herz unbewegt. Wenn Du Dich weder an Stolz noch an eine Ehre klammerst, kann niemand sie verletzen.

5. Wenn Dich jemand erpressen will, geht der Angriff ins Leere, weil Du bereit bist, auf alles leichten Herzens zu verzichten. Wenn Du Dich an Sicherheit klammerst, bist Du verwundbar.

6. Wenn ein Angriff auf Deinen Körper zielt, machst Du den Angreifer unschädlich, noch ehe er Dich verletzen kann. Du nützt den Vorteil, daß er von seiner Aggression geleitet wird, Dein Herz aber unbewegt ist.

7. Wenn ein Angriff sich auf Dein Leben richtet, tötest Du den Angreifer, ehe er Dich töten kann.

8. Wenn ein Gegner Dich mit seinem Angriff überrascht, ergibst Du Dich. Wenn der Gegner triumphiert, ist er nicht wachsam, und Du schlägst überraschend zu.

9. In der Abwehr kennst Du keine Rücksicht. Wer Dich einmal angreift, soll Dich kein zweites Mal angreifen.

10. Wer Dich im Schutz einer Autorität angreift, den lockst Du aus der Masse. Wer sich in der Masse sicher fühlt, ist allein gelassen schutzlos.

11. Wenn Du durch einen Angriff besiegt wirst, bist Du nicht geschlagen, weil Du keinen Augenblick an Dir zweifelst. Du erkennst, was falsch war und lernst daraus.

12. Weil das manipulative Spiel an jedem Tag von morgens bis abends gespielt wird, bist Du von morgens bis abends wachsam und weißt: In diesem Spiel sind alle Gegner, weil jeder zuerst an seinen eigenen Vorteil denkt. Auch, wenn es zu Deinem Nachteil ist. Das Wichtigste ist nicht, wie Du Dich schützt, noch wichtiger ist, daß Du jederzeit dazu bereit bist.

13. Wenn ein Gegner Dich erniedrigt, hast Du keinen Haß. Dein Herz ist unbewegt, Dein Ich ist ohne Form. Wenn Dein Ich ohne Form ist, hast Du weder Stolz noch Ehre, Treue, Hemmungen, Skrupel oder eine andere Form.

14. Wenn Du ohne Form bist, kann Dich nichts treffen. Wenn Du Dich an Dein Ich klammerst, bist Du verwundbar. Wenn Du Dein Ich losläßt, ist es beweglich und kann ausweichen.

15. Die stärkste Abwehr ist Deine innere Kraft.

16. Ob Du angreifst oder abwehrst, Du konzentrierst Deine ganze Energie darauf. Du zögerst nicht, damit sich der Gegner nicht vorbereiten kann. Du täuschst links und reagierst rechts. Du gibst Dich geschlagen und schlägst gleichzeitig zu.

17. Damit Du jeden Angriff abwehren kannst, trainierst Du die Abwehr:
- Im Denken bist Du entschlossen.
- In den Gefühlen bist Du frei.
- Deine Fäuste und Füße übst Du für das Schlagen.
- Dein Körper ist beweglich, damit Du den Gegner umkreisen kannst und er nie weiß, wann und wo ihn Deine Abwehr trifft.

18. Wenn Du nicht entschlossen und gut vorbereitet bist, um Deine Freiheit mit allen Mitteln zu schützen, ist es besser, Du gibst Dich geschlagen, ehe der Gegner Dich angegriffen hat. Wenn Du Dich geschlagen gibst, bist Du nicht besiegt. Du behältst die Initiative des Entscheidens, stärkst Deine Kräfte und nützt den Vorteil, daß der Gegner Dich unterschätzt.

19. Wenn Du Dich geschlagen gibst, ohne jede Chance zur Abwehr genützt zu haben, gibst Du Dich selbst auf, und Du mußt Dich fragen: »Was ist der Sinn meines Lebens?«

20. Ob Du einen Angriff mit Worten oder mit dem Körper abwehrst – beides beginnt mit der Entschlossenheit in Deinem Denken.

21. Wenn Du einen Angriff nur halbherzig abwehrst, ermutigst Du den Gegner zu einem zweiten Angriff.

22. Einem Angriff mit Worten begegnest Du auf siebenfache Weise, wie es der Situation entspricht:
• Du schweigst und hörst gelassen zu, damit die Aggression an Dir vorbei ins Leere geht, weil Du nicht darauf reagierst.
• Du lenkst den Angriff mit Fragen ins Leere, damit der Gegner seine Aggression mit seinen Antworten befriedigen kann.
• Du bist fröhlich, wenn der Gegner wütend ist.
• Du lenkst den Angriff mit einer taktischen Zustimmung und sagst: »Ja, aber ...«, ohne Dich festzulegen.
• Du lenkst den Gegner gezielt vom Thema seines Angriffs ab.
• Du legst Deinen Standpunkt entschlossen dar, damit der Gegner sich entscheiden muß, wie weit er gehen will.
• Du gibst dem Angreifer überschwenglich recht, damit er sich als Sieger fühlt und keinen Grund mehr zum Angriff sieht.

23. Im manipulativen Spiel sind Angriff und Ab-

134

wehr Bestandteile der großen Einheit:

- Wenn Du stark bist und weißt, was Du willst, ist auch Deine Abwehr stark.
- Wenn Du entschlossen bist, Deine Freiheit und Dein Glück zu schützen, zögerst Du nicht.
- Wenn Du Dich selbst und den Angreifer richtig einschätzt, weißt Du, ob Du den Angriff abwehren kannst oder flüchten sollst.

9

Das Täuschen

1. Im manipulativen Spiel des Lebens ist jeder Dein Gegner, auch Du selbst. Du täuschst den Gegner, aber nicht Dich selbst.

2. Du spielst das Spiel gegen Deine eigenen Schwächen und gegen alle, die zu Deinem Nachteil davon Gebrauch machen wollen.

3. Wer Deine Schwächen kennt, wird sie zu seinem Vorteil nützen. Wenn Du schwach bist, zeigst Du es nicht, bis Du stark bist. Wenn Du stark bist, täuschst Du Schwäche vor. Es ist besser, ein Gegner unterschätzt Dich, als Du selbst überschätzt Dich.

4. Die fünf Regeln des Täuschens lauten:
• Du weißt alles über Deinen Gegner, der Gegner weiß über Dich nur das, was Du ihn wissen läßt.
• Du lächelst, wenn Du nicht willst, daß er Dich weinen sieht.
• Du machst links Lärm, wenn Du rechts angreifst.

- Du redest über das Kleine, um vom Großen abzulenken.
- Wenn Du vom Gegner etwas wissen willst, sagst Du ihm zuerst, was er hören will.

5. Im manipulativen Spiel bist Du allein und vertraust nur Dir. So kann Dich kein Gegner täuschen. Ein Freund von heute kann morgen Dein Feind sein.

6. Um einen Gegner im manipulativen Spiel zu täuschen, sind zwei Voraussetzungen wichtig:
- Du kennst Dich selbst und weißt, was Du willst.
- Du kennst den Gegner und weißt, was er will.

7. *Dies sind weitere acht Regeln des Täuschens:*
- Du redest nicht über Dich, sondern läßt den Gegner über sich reden.
- Du zeigst Deine Gefühle, aber nur, wenn es Dir mehr nützt als schadet.
- Wenn Du etwas sicher weißt, stellst Du dem Gegner trotzdem noch eine Frage. Es ist besser, der Gegner belehrt Dich, als Du belehrst den Gegner.
- Du legst Dich nur fest, wenn es für Dich von Vorteil ist. Es schadet nicht, eine Entscheidung ein zweites Mal zu prüfen.
- Du läßt Dir Zeit, wenn andere Dich drängen.

• Du versprichst nichts, damit Dich niemand beim Wort nehmen kann.

• Du verrätst kein Geheimnis, damit Dich niemand erpressen kann.

• Damit Dich niemand berechnen kann, tust Du das Unerwartete, wenn der Gegner es am wenigsten erwartet.

8. Weil Du niemandem über Dich Rechenschaft schuldest, brauchst Du niemandem zu erklären, warum Du etwas tust.

9. Weil Du Deine eigene Wahrheit besitzt, ist nichts, was Du im Einklang mit Dir selbst sagst, eine Lüge. Weil es für Dich keine Lüge gibt, gibt es für Dich auch kein Schuldgefühl.

10. Täuschen kannst Du nur, wenn Du frei und stark bist. Du bist stark, weil Du in Dir ruhst. Du bist frei von Angst und Skrupel, von Haß und Liebe, Stolz und Eitelkeit und zu jeder Zeit bereit, auf alles zu verzichten, was Dich von anderen abhängig macht.

11. Wenn Du etwas versprichst, hältst Du es nicht, wenn es Dir mehr Nachteile als Vorteile bringt.

12. Wenn Du etwas sagst, muß es nicht die Wahrheit sein, die man von Dir erwartet. Du hast Deine eigene Wahrheit und bist nur Dir verantwortlich.

13. Wenn der Gegner Dich täuscht, lernst Du daraus. Wenn Du den Gegner täuschst, triumphierst Du nicht. Es genügt, wenn Du es weißt.

14. Du vergißt nicht, daß Täuschen nur eine Taktik im manipulativen Spiel ist und keine Lösung eines Problems.

10

Die Technik, ein Problem zu lösen

1. Wie frei und glücklich Du im Leben bist, hängt davon ab, wie gut es Dir gelingt, die Probleme zu lösen, die Deinem Glück und Deiner Freiheit im Wege stehen.

2. Um ein Problem lösen zu können, mußt Du es erkennen. Es gibt drei Stufen, ein Problem zu erkennen:
• Du erkennst seine Auswirkung.
• Du erkennst, in welchem Zusammenhang es steht.
• Du erkennst die Ursache.

3. Es gibt zwei Möglichkeiten, mit einem Problem umzugehen:
• Du erkennst die Auswirkung und findest ein Mittel, das Dich das Problem vergessen läßt, ohne es zu lösen. Damit aber löst Du das Problem nicht.
• Du erkennst die Auswirkung, den Zusammenhang und die Ursache und ersetzt sie durch die bessere Alternative.

4. Um ein Problem zu lösen, dessen Ursache Du erkannt hast, setzt Du drei Fähigkeiten ein:
• Die Erfahrungen, die Du oder andere gemacht haben.
• Die eigene Intuition.
• Deine Kreativität und Phantasie.

5. Es gibt kein Problem, das Du nicht erkennen kannst, wenn Du beharrlich suchst und die richtigen Fragen stellst.

6. Die wichtigste Frage, um die Ursache eines Problems zu ergründen, lautet: »Warum?«

7. Du kannst kein Problem lösen, wenn Du sagst: »Das kann ich nicht.« Wenn Du sagst: »Das kann ich nicht«, sind die Zweifel an Dir größer als der Glaube an Dich, und Du mußt zuerst Deinen Glauben stärken.

8. Wenn Du für ein Problem nicht sofort eine Lösung findest, nimmst Du Dir die Zeit, weiter nach den Zusammenhängen zu suchen. Über die Zusammenhänge kommst Du zur Ursache.

9. Es gibt für jedes Problem eine Lösung, wenn Du zur richtigen Zeit das Richtige tust und die

Geduld besitzt, so lange zu warten, bis die Zeit gekommen ist.

10. Wenn Du ein Problem verdrängst, statt es zu lösen, macht es Dich krank. Jedes ins Unterbewußtsein verdrängte Problem vermindert den Glauben an Dich und erhöht die Angst. Angst löst kein Problem, sondern vergrößert es.

11. Je öfter Du Probleme verdrängst, um so mehr Aufwand und Energie erfordert es, sie vor anderen zu verbergen.

12. Jedes verdrängte Problem erhöht die Aggression gegen Dich selbst, mit der Du Dich für Deine Unfähigkeit bestrafst. Daran ändert sich auch nichts, wenn Du die Aggression gegen andere richtest. Jede Aggression gegen andere ist nur eine Projektion der Aggression gegen Dich selbst.

13. Die Technik, ein Problem zu lösen, setzt Du ein, indem Du auf das Problem zugehst, statt vor ihm zu flüchten.

III

Das Buch der Übungen

>>Zuerst trainierst Du den Geist, dann trainierst Du den Körper. Durch das Training werden Geist und Körper eins, und Dein Körper vollzieht, was Du im Denken in Dein Unterbewußtsein programmiert hast.<<

Das Buch der Übungen ist eine Auswahl der vielen bekanntgewordenen Anregungen gescheiter Egoisten, seine eigenen Vorstellungen des individuellen Lebens im Alltag umzusetzen.

Allen voran stehen diese drei wichtigen Erkenntnisse:

1. Wer nach eigenen Vorstellungen leben will, muß Fremderziehung durch Selbsterziehung ersetzen. Wer diese Entscheidung nicht fällt, hat keine Chance, ein Egoist zu werden.

2. Fremderziehung funktioniert durch Bedrohung und Angst und führt zu innerem Widerstand. Die Grundlage der Selbsterziehung ist das sensible Eingehen auf sich selbst und das Selbstvertrauen nach der Formel: »Gleichgültig, was sich mir heute entgegenstellt – ich bewältige es. Wenn nicht heute, dann eines Tages, wenn die Zeit gekommen ist.«

3. *Das Leben nach eigenen Vorstellungen ist erlernbar. Aber nur, wenn man lange genug geduldig übt, bis sich alles, was man erreichen will, ganz von selbst ergibt. Der größte Feind des Übens ist die Ungeduld.*

Sich im Training des Egoismus vor niemandem bestätigen zu müssen und frei von jedem äußeren Druck zu sein, stärkt ganz von selbst Schritt für Schritt die Selbstsicherheit.

Diese Erkenntnis erscheint deshalb so bedeutend, weil Fremderziehung auf genau dem gegenteiligen Prinzip beruht. Der Erzieher muß sich ständig selbst erhöhen, indem er den Schüler erniedrigt. Sonst verliert er seine Autorität und wird überflüssig.

Für manchen interessierten Leser mag der bildhafte Vermerk in einer Unterlage aufschlußreich sein, der nicht in die »Egoisten-Bibel« aufgenommen wurde.

Er lautet: »Wenn Du für Dein ganzes Leben ein konkretes Ziel hast und daran arbeitest, kannst Du Dein Leben wie eine Pyramide bauen. Jeder Tag ist ein Stein, den Du auf den anderen legst.

Wenn Du bei jeder Entscheidung die ganze Pyramide im Auge hast, stärkst Du mit jedem einzelnen Stein Deine gesamte Persönlichkeit. Du weißt immer, warum Du etwas tust. Das gibt Deinem Leben die Kraft, alle Hindernisse zu bewältigen.

Abschließend noch diese interessante Erkenntnis: »Wenn Du an jedem Tag nur darauf reagierst, was Dir von anderen angeboten wird, baust Du an den Pyramiden anderer, die Deine Fähigkeiten für ihren Vorteil nützen. Und wenn Du Dich eines Tages nach dem Sinn Deines Lebens fragst, wirst Du sagen müssen: ›Ich habe nicht für mich gelebt, sondern nur für andere.‹«

1

Das Trainieren

1. Alles was Du können willst, trainierst Du so lange, bis es ganz von selbst geschieht.

2. Du programmierst eine Vorstellung in Dein Unterbewußtsein, bis Du nicht mehr daran zu denken brauchst, weil es ganz von selbst geschieht.

3. Zuerst trainierst Du den Geist, dann trainierst Du den Körper. Durch das Training werden Geist und Körper eins, und Dein Körper vollzieht, was Du im Denken in Dein Unterbewußtsein programmiert hast.

4. Die größten Hindernisse des Trainierens sind Zweifel und Ungeduld. Wenn Du nicht daran glaubst, was Du erreichen willst, erreichst Du es nicht. Wenn Du es erzwingen willst, sind Geist und Körper nicht in Harmonie.

5. Nicht der Wille führt Dich ans Ziel, sondern die Kraft Deiner Vorstellung.

6. Wenn Du das Ziel erreicht hast, läßt Du den Erfolg in Dir wirken, ohne daran zu denken, was morgen ist. Der Weg zum Ziel ist die Spannung, nach dem Erfolg entspannst Du Dich, um neue Energie wachsen zu lassen.

7. Die Strategie im Training Deines Lebens beruht auf der Einheit der Fähigkeiten und Lernschritte.

Die sieben Fähigkeiten des Lebens sind:
• Du machst Dir bewußt, wer Du bist, wo Du stehst, was Du willst und warum alles so ist, wie es ist.
• Du entscheidest Dich ohne Kompromiß für das konkrete Ziel, das Du erreichen willst.
• Du planst, wie Du Dein Ziel erreichen kannst.
• Du ergründest die Hindernisse, die dem Erreichen des Ziels im Wege stehen und findest die Ursachen.
• Du entscheidest Dich für die Technik, mit der Du die Hindernisse überwinden kannst und das Ziel erreichst.
• Du trainierst mit der Technik die Fähigkeiten Schritt für Schritt, bis alle Hindernisse beseitigt sind, die dem Ziel im Wege standen.
• Du kontrollierst Dein Denken und Dein Handeln und lernst aus Fehlern und Erfolgen.

Die fünf Lernschritte im Training der Fähigkeiten sind:

- Zuerst informierst Du Dich.
- Dann verstehst Du die Zusammenhänge.
- Du identifizierst Dich mit dem Ziel und glaubst daran, daß Du es erreichen wirst.
- Du trainierst die Fähigkeiten ohne Zweifel und Ungeduld.
- Du kontrollierst jeden Trainingsschritt.

8. Wenn Du im Training sagst: »Das kann ich nicht«, hast Du das Training beendet, ehe Du es begonnen hast. Denn niemand kann etwas, ehe er es nicht gelernt und lange genug trainiert hat.

9. Wenn Du im Training sagst: »Das ist schwierig«, wird es tatsächlich schwierig, weil Du Dein Unterbewußtsein mit einer vorauseilenden Entschuldigung programmiert hast.

10. Wenn Dir im Training und im Handeln etwas nicht gelingt und Du sagst: »Ich habe Pech gehabt«, entziehst Du Dich der Verantwortung für Dein Handeln.

2

Das Morgen-Ritual

1. *Dein Leben ist auf vier Säulen gebaut:*
• Auf den Plan, den Du für den Rest Deines Lebens hast.
• Auf jeden Tag, weil Dein ganzes Leben so ist, wie die Summe aller Tage.
• Auf die Fähigkeit, in jedem Augenblick so zu entscheiden, wie es Dir, Deiner Vorstellung und Deinem Plan entspricht.
• Auf die Fähigkeit, so zu handeln, wie Du entschieden hast.

2. Weil jeder Tag Dein Leben ist, trainierst Du dieses Leben an jedem Tag, indem Du es lebst und nach Deinen Vorstellungen prüfst.

3. Hier ist das Ritual des geduldigen Trainings an jedem Tag:

Das aktive Erwachen für den Geist:
• Du wachst auf, wann Du es geplant hast.
• Dann programmiert Du Dein Unterbewußtsein mit der Vorstellung von Harmonie und Energie für

den ganzen Tag. Die Formel lautet: »Gleichgültig, was heute passiert, ich schaffe es und bin frei und glücklich.«

• Dann stellst Du Dir vor, wie sich Geist und Körper mit der Kraft des Kosmos füllen und Dich für alles stärken, was Dich an diesem Tag erwarten könnte.

Das aktive Erwachen für den Körper. Jede der zehn Übungen machst du 100mal:

• Du ballst und streckst die Fäuste. Das stärkt die Muskeln und hilft dem Kreislauf.

• Dann aktivierst Du den Kreislauf noch mehr mit »Radfahren« im Liegen.

• Du drehst den Kopf nach links und rechts, dann neigst Du ihn nach vorne und nach hinten.

• Du beugst den Rumpf nach vorne und wippst, bis Du mit den Fingerspitzen die Zehen erreichst.

• Du kreist mit den Armen.

• Du wippst in den Kniebeugen, damit die Gelenke elastisch bleiben.

• Du drehst den Oberkörper in den Hüften nach links und rechts.

• In der Liegestütze drückst Du die Wirbelsäule wippend durch.

• Du hüpfst im Stand.

• Du stehst abwechselnd auf einem Bein, während Du das andere abwinkelst und seitlich gegen das Kniegelenk stützt. So übst Du das Gleichgewicht des Körpers, während der Geist im Gleichgewicht ist.

4. Wenn Du Geist und Körper auf den Tag vorbereitet hast, bist Du für das tägliche manipulative Spiel des Lebens bereit. Wie ein guter Fußballspieler, der nie auf das Spielfeld läuft, ohne sich aufgewärmt zu haben.

3

Die Stille Zeit

1. Du hörst niemals auf, Dich selbst und die Zusammenhänge immer besser zu verstehen, die Dein Leben bestimmen:
• Damit Du Dich selbst verstehst, nimmst Du Dir an jedem Tag die Zeit dafür, mit Dir allein einen offenen Dialog zu führen.
• Damit Du in Harmonie mit Deiner Umwelt leben kannst, übst Du an jedem Tag die Harmonie mit Dir.
• Damit Du ein Teil der großen Ordnung im Kosmos wirst, meditierst Du.

2. Dein ganzes Leben an jedem Tag unterliegt dem Prinzip von Spannung und Entspannung:
• In der Spannung lebst Du Dein Leben nach außen und behauptest Dich.
• In der Entspannung gehst Du den Weg nach innen.

3. Den Weg nach innen gehst Du an jedem Tag wenigstens eine Viertelstunde lang in der Stillen Zeit.

4. Die Stille Zeit ist Deine Zeit der Selbstbesinnung. Wenn Du Dich nicht auf Dich selbst besinnst, kannst Du nie der sein, der Du wirklich bist.

5. Solange Du lebst, nimmst Du am manipulativen Spiel des Lebens teil. Wenn andere stärker sind als Du, geht Dein eigenes Ich verloren, und Du bist abhängig. Wenn Du deine eigenen Kräfte kennst und mobilisierst, machst Du Dich von der Abhängigkeit frei.

6. Damit Du das manipulative Spiel mitspielen kannst, hörst Du nicht auf, immer mehr Wissen über Dich selbst zu sammeln und Deine Fähigkeiten zu trainieren.
In der Stillen Zeit sammelst Du das Wissen und die Kraft, die Du brauchst, um im manipulativen Spiel zu gewinnen und frei zu sein.

7. In der Stillen Zeit denkst Du an nichts anderes, als an Dich. Du hörst auf niemanden anderen, als auf Dein inneres Ich.

8. In der Stillen Zeit trittst Du durch die Tür von außen in Deine innere Welt, die nur Du allein für Dich schaffst. Nichts und niemand kann Dich stören.

156

9. In Deiner inneren Welt ist nichts wichtig, was Dich in der äußeren Welt bewegt.

10. Du schließt die Augen, entspannst den Körper, und wenn Du fünf ruhige Atemzüge machst, spürst Du Deine innere Welt, in der Du niemanden brauchst, nur Dich selbst.

11. Gleichgültig in welcher Not Du draußen bist, Du weißt immer, daß in Dir die Welt ist, in der Du frei bist und in die Du Dich jederzeit zurückziehen kannst.

12. Es genügt nicht, wenn Du weißt, daß die Stille Zeit der Weg zu Dir selbst und Deine innere Harmonie ist. Wenn Du den Weg nicht gehst, nützt Dir Dein Wissen nichts.

13. Wenn Du auf diesem Weg einige Schritte machst und gibst auf, weil Du an Dir zweifelst, bist Du um eine Erfahrung reicher. Aber Du kommst nie ans Ziel.

14. Der Weg ist das Ziel, aber Du erreichst es nur, wenn der Glaube an Dich selbst so stark ist, daß Dich weder ein Zweifel noch eine Niederlage daran hindert, immer weiterzugehen.

15. Die Stille Zeit an jedem einzelnen Tag ist ein Schritt, der Deinen Glauben stärkt.

16. Auf dem Weg zu Dir in Deine innere Welt kannst Du niemanden fragen, was falsch oder richtig ist. Jeder Schritt ist richtig, wenn Du ihn machst – auch, wenn er falsch erscheinen mag.

17. In Deinem Leben hast Du nur die Wahl, in eine von zwei Richtungen zu gehen: Immer weiter fort von Dir, oder immer weiter zurück zu Dir. Der wahre Fortschritt unserer Zeit ist die Rückkehr zu Dir selbst.

18. Wenn Du vor Dir flüchtest, kannst Du Dich nie finden. Wenn Du Dich suchst, kannst Du Dich entdecken. Deshalb ist das wahre Abenteuer des Lebens die Suche nach Dir selbst.

19. Auf der Flucht vor Dir selbst folgst Du den Wegweisern, die andere für Dich aufstellen. Auf der Suche nach Dir bestimmst Du allein den Weg, den Du gehst.

20. Auf der Flucht vor Dir selbst bist Du auf die Hoffnung angewiesen, daß sich die Versprechungen erfüllen, die andere Dir machen. Auf

158

dem Weg zu Dir bist Du nur auf Dich selbst angewiesen.

21. In der Stillen Zeit bestimmst Du selbst das Programm. Wenn Du nur Zuflucht aus der Hektik des Tages suchst, kannst Du neue Kraft sammeln und Dich entspannen. Wenn du meditierst, meditierst Du. Wenn Du nach Lösungen für ein Problem suchst, kommen die Lösungen von selbst, indem Du alles losläßt, was Deine Kreativität hemmt.

22. Die Stille Zeit – wann und wo Du sie Dir auch nimmst – ist die Technik, Deine Pläne und Vorstellungen im Unterbewußtsein zu programmieren.

IV

Das Buch der Künste

>*»Wenn Du das Handwerk des Lebens beherrschst, bist Du erfolgreich und glücklich. Wenn Du die Kunst des Lebens beherrschst, ist es nicht mehr wichtig, wie erfolgreich Du bist.«*

*Dem Buch der Künste steht das Motto voran:
»An jedem Tag Dein Leben nach eigenen
Vorstellungen zu leben, ist das Handwerk des
Lebens. An jedem Tag frei und glücklich zu sein,
ist die Kunst des Lebens.«*

*Lebenskunst im Sinne selbstbewußten Egoismus'
– so heißt es in einer kürzlich entdeckten Unterlage – ist die Sache jedes einzelnen und kann
nicht schlauen Künstlern oder Funktionären
überlassen werden, die darüber bestimmen, was
Kunst und Kultur zu sein hat. Lebenskunst ist
nicht das, was man für andere schafft, sondern
das, was man selbst zur eigenen Erbauung
gestaltet.*

*Die Kunst, die über allen den Künsten steht, die
den Dummen zur Erbauung angeboten werden,
ist nach Ansicht überzeugter Egoisten die Lebenskunst. Jeder kann sie erlangen, wenn er nicht nur
lebt, um zu überleben, sondern dem Bedürfnis
nachkommt, über sich hinauszuwachsen.*

Entscheidend dabei ist, daß sie immer nur der eigenen Erbauung dienen kann. Ein Künstler des Lebens braucht niemanden, vor dem er sich produzieren müßte, um respektiert zu werden. Ihm genügt der höchste Respekt vor sich selbst.

Diese Vorstellung von Kunst mag manchem Leser selbstgefällig erscheinen. Aber sie entspricht der Konsequenz der Egoismus-Philosophie, falls es diese überhaupt gibt.

Deutlich erkennbar ist dabei die Nähe zu fernöstlichen Auffassungen von Künsten. Dort gibt es Begriffe, wie »Die Kunst, das Schwert zu führen« und Hinweise auf andere Fähigkeiten, die mit Zen-Meditation in Verbindung stehen. Etwa das Bogenschießen, die Tuschmalerei oder die Teezeremonie.

Die fünf in die »Egoisten-Bibel« aufgenommenen Künste stammen von Persönlichkeiten aus verschiedenen Berufen und Entwicklungs-Stufen im Training von Freiheit und Glück.

Alle sind darin einig, daß im Sinne der Konzentration auf das Wesentliche, jeder nur in einer einzigen dieser Künste die große Erfüllung finden kann.

164

1

Die Kunst, ein freier Mensch zu sein

1. An jedem Tag Dein Leben zu leben, ist das Handwerk Deines Lebens. An jedem Tag frei und glücklich zu sein, ist die Kunst des Lebens.

2. Es ist Deine Entscheidung, nicht nur das Handwerk des Lebens zu beherrschen, sondern aus Deinem Leben eine Kunst zu machen. Im Handwerk erfüllst Du Deine Vorstellung. In der Kunst kannst Du erreichen, was Deine Vorstellung übersteigt. Vorausgesetzt, Du glaubst daran.

3. Im Handwerk des Lebens bist Du von den Gesetzen des Lebens abhängig. In der Kunst des Lebens mußt Du frei sein, um Dich als der zu entfalten, der Du wirklich bist. Im Handwerk bist Du einer von vielen. In der Kunst bist Du eine einmalige Persönlichkeit.

4. Wenn Du das Handwerk des Lebens beherrschst, bist Du erfolgreich und glücklich. Wenn Du die Kunst, ein freier Mensch zu sein, beherrschst, ist es nicht wichtig, erfolgreich zu sein.

5. Die Kunst, frei zu sein, besteht darin, daß Du so lebst, wie es Dir entspricht, und nicht so, wie andere es von Dir erwarten.

6. Du kannst nicht frei sein, wenn Du nicht weißt, wer Du bist und worin Sinn und Glück Deines Lebens bestehen. Die Erziehung durch andere preßt Dich in die Form, die Dich gefügig macht. Wenn Du frei bist, brauchst Du keine Form, in der Du Dich vor Strafe fürchten mußt.

7. Wenn Du zur Klasse der Dummen gehörst, suchst Du nach der Form und bist davon abhängig. Wenn Du zur Klasse der Schlauen gehörst, bist Du davon abhängig, daß die Dummen nach Deinen Formen leben.

8. Wenn Du zu den Dummen gehörst, lebst Du in der Angst, aus der Form zu tanzen. Wenn Du zu den Schlauen gehörst, lebst Du in der Angst, niemand könnte auf Deine Melodie hören.

9. Wenn Du Angst hast, bist Du nicht frei. Wenn Du frei bist, tanzt Du nach Deiner eigenen Melodie, wie sie Dir entspricht, und brauchst von niemandem Anerkennung.

166

10. Wenn Du frei bist und nach Deiner eigenen Melodie tanzt, lebst Du mit den Bedürfnissen Deiner Natur und zwingst sie in keine Form. Deshalb ist die Kunst, frei zu sein, die Freiheit der Kreativität.

11. Du denkst, was andere nicht zu denken wagen. Du findest Lösungen, die andere nicht finden, weil sie nur das denken, was der Form entspricht. Du tust, was andere für unmöglich halten.

12. Deine Freiheit ist nichts, was Dir andere geben können. Sie ist nur in Dir und beginnt bei Deinem Denken und dem Glauben daran, daß nichts unmöglich ist.

13. Wenn Du die Kunst beherrschst, ein freier Mensch zu sein, hast Du ein Ziel und kümmerst Dich nicht darum, ob Du es jemals erreichen wirst. Denn in der Freiheit ist der Weg das Ziel. Allerdings nur, wenn Du nie aufhörst, Deinen Weg zu gehen.

14. Dein Ziel ist das, was Du heute als Dein Ziel bestimmst. Wenn Du Deinen Weg gehst, erkennst Du mit jedem neuen Schritt Dein nächstes Ziel.

Das ist die Freiheit, Dich von einem Ziel nicht abhängig zu machen.

15. In Deiner Freiheit bist Du einmalig, deshalb bist Du frei von der Angst der Einsamkeit. Wenn Du Deinen Weg gehst und an Dich glaubst, brauchst Du niemanden, der Dich dafür bewundert. Wenn Du Dich selbst liebst, brauchst Du keinen, dessen Liebe Du Dir nie sicher bist.

16. Wenn Du jemandem anderen oder seiner Sache treu bist, lieferst Du Dich aus. Du bist Dir selbst treu und niemandem verpflichtet.

17. Es gibt in Deinem Leben keine Sicherheit. Sicherheit ist nur ein Versprechen im manipulativen Spiel für alle, die sich ihrer selbst nicht sicher sind.

18. Deine Freiheit ist kein Zufall. Du trainierst sie durch Dein Denken im Hier und Jetzt. Wenn Du hier und jetzt frei bist, denkst Du nicht: »Was wird morgen sein?« Du bist überall frei, weil Du in Deinen Gedanken frei bist.

19. Deine Freiheit wächst mit der Fähigkeit, Dein Denken zu kontrollieren. Du bist wachsam, mit welchen Gedanken Du Dein Unterbewußtsein pro-

grammierst. Die Formel in Deinem Denken lautet von morgens bis abends: »Was heute auch geschieht, ich bin frei und glücklich.«

20. Weil die Freiheit in Deinem Geist verankert ist, bist Du in der Phantasie Deiner inneren Welt auch dann frei, wenn jemand Dich in Fesseln legt. Das ist die Kunst, ein freier Mensch zu sein.

2

Die Kunst zu siegen, ohne zu kämpfen

1. Im Leben gibt es drei Wege zum Sieg:
- Du kämpfst und besiegst andere.
- Du jubelst mit den Siegen anderer, um zu vergessen, daß Du selbst ein Verlierer bist.
- Oder Du siegst, ohne zu kämpfen.

2. Wenn Du die Niederlage eines anderen brauchst, um zu siegen, bist Du von der Angst abhängig, selbst besiegt zu werden. Ein Sieger, der Angst hat, ist kein wirklicher Sieger.

3. Wenn Du Siege nur aus zweiter Hand erlebst, lebst Du auch ein Leben aus zweiter Hand.

4. Du lebst nach Deinen eigenen Maßstäben und brauchst niemanden, den Du besiegen mußt, um Dich zu bestätigen. Weil Du selbst weißt, was Du erreichen willst, ist alles ein Sieg, was Du erreichst, auch wenn andere es als Niederlage sehen. Für Dich gibt es keine Niederlage, weil Du daraus lernst, wie Du beim nächsten Mal einen Sieg erringen kannst.

5. Du brauchst niemandem durch einen Sieg zu beweisen, wie gut Du bist. Es genügt Dir, es selbst zu wissen.

6. Im manipulativen Spiel des Lebens geht es nicht darum, besser zu sein als andere, sondern aus eigener Kraft so gut zu sein, wie Du sein kannst. Wenn Du ein Spiel verlierst, lernst Du aus der Niederlage. Aus der Niederlage zu lernen, statt zu zweifeln oder nach Ausreden zu suchen, ist ein Sieg über Dich selbst.

7. Du kannst Dich nur selbst besiegen, wenn Du frei bist von der Form. Wenn Du um Deinen Stolz, Deinen guten Ruf oder um Deine Ehre kämpfst, hast Du den Kampf schon verloren, ehe er begonnen hat. Dann ist Dir die Form wichtiger als Deine Freiheit.

8. Das Kämpfen ist eine Strategie des manipulativen Spiels, in dem die Schlauen davon profitieren, daß die Dummen für sie kämpfen. Die Gescheiten können von niemandem besiegt werden, weil sie weder für noch gegen jemanden kämpfen.

9. Der Wunsch, durch Kampf zu siegen, beginnt mit der Aggression gegen andere. Aber jede

171

Aggression gegen andere, ist eine Aggression gegen sich selbst.

10. Die Aggression gegen sich selbst beginnt bei der Unfähigkeit, seine Probleme selbst zu lösen. Wer sich nicht vor sich selbst bestätigen kann, versucht sich zu bestätigen, indem er gegen andere kämpft.

11. Du bist in Harmonie mit Dir, löst Deine Probleme aus eigener Kraft und brauchst niemanden zu erniedrigen, um Dich selbst zu erhöhen: Das ist die Kunst zu siegen, ohne zu kämpfen.

3

Die Kunst zu sehen und zu hören

1. Die Kunst zu sehen und zu hören besteht darin, daß Du mehr siehst und hörst als das, was Du siehst und hörst. Du spürst, was dahinter ist.

2. Du siehst nicht nur, was man Dir zeigt, sondern siehst auch, was man Dir verbergen will.

3. Wenn Du nur das siehst und hörst, was Du selbst sehen und hören willst, bist Du in der Form gefangen und nicht frei.

4. Wenn Du nur ein Stück von etwas siehst, suchst Du nach dem Ganzen. Wenn Du viele Stücke siehst, fügst Du sie zu einem Ganzen. Damit Du das Ganze erkennen kannst, haftest Du nicht am Detail.

5. Wenn Du etwas siehst oder hörst, ist es nur der Eindruck, den Du im Augenblick hast. Um es in seiner Gesamtheit zu erfassen, suchst Du nach der Bedeutung. Die wahre Bedeutung erfährst Du erst durch das intuitive Erfassen.

6. Wenn Du etwas siehst oder hörst, was nicht Deiner eigenen Vorstellung entspricht, verschließt Du Dich nicht, ehe Du seinen Sinn erkannt hast. Denn alles im Leben macht einen Sinn, auch wenn es sinnlos erscheinen mag. Sinnlos ist etwas nur solange, als Du es nicht durchschaust.

7. Wenn Du eine Seite einer Medaille siehst, wendest Du sie, um zu sehen, was die andere Seite zeigt. Erst dann kannst Du sagen: »Ich habe die Medaille gesehen.«

8. Wenn Du nichts hörst, heißt es nicht, daß Du es nicht mit Deiner Intuition erfassen könntest. Wenn Du die Augen schließt, siehst Du in Deiner Phantasie mehr, als Du mit offenen Augen jemals sehen könntest.

9. Nichts von dem, was Du siehst und hörst, ist so, wie es wirklich ist. Alles ist ein Spiegelbild der Welt, wie Du sie Dir zeichnest, und hat die Bedeutung, die Du ihm gibst. Die Bedeutung, die etwas für Dich heute hat, muß nicht die Bedeutung sein, die es morgen für Dich hat. Alles verändert sich jeden Augenblick, wie sich Dein ganzes Leben jeden Augenblick verändert. Wenn Du in Harmonie bist, bist Du offen für alles andere.

10. Deshalb ist die Kunst zu sehen und zu hören die Fähigkeit, das Leben im Hier und Jetzt zu erleben, ohne den Gedanken daran, was nachher sein könnte. Du erlebst das Heute heute, und das Morgen erlebst Du morgen.

11. Was Du siehst und hörst, nimmst Du auf, ohne es zu werten. Du wertest erst, wenn Du es intuitiv erfaßt hast. Wenn Du es intuitiv erfaßt hast, erhält alles seinen eigenen Wert. Wenn Du allem, was Du siehst und hörst, seinen Wert beläßt, gibst Du ihm nicht die Form, die Du ihm geben möchtest. Denn alles, was in eine Form gebracht wird, verliert seine natürliche Form und seinen wahren Wert.

12. Wenn Du allem seinen Wert beläßt, bereichert es Dein eigenes Sehen und Hören. Das ist die Kunst zu sehen und zu hören.

4

Die Kunst, Dich mitzuteilen

1. Wie alle Künste, erfordert die Kunst, Dich mitzuteilen, die Freiheit des Geistes, die Natürlichkeit des Herzens und das unermüdliche Üben der Technik.

2. Die Kunst, Dich mitzuteilen, ist mehr als Reden und Schweigen, sie ist auch Teil der Strategie des manipulativen Spiels. Die Kunst, Dich mitzuteilen ist die Fähigkeit, die Form zu durchbrechen und die Freiheit der Kreativität zuzulassen.

3. Wenn Du anderen nur mitteilst, was sie erfahren möchten, spielst Du das manipulative Spiel. Aber das ist noch keine Kunst. Die Kunst besteht darin, etwas zu erkennen, was andere nicht erkennen, und es ihnen so mitzuteilen, daß sie es auch erkennen.

4. Wenn Du anderen etwas mitteilst und sie verstehen es nicht, kann es drei Ursachen haben:
• Sie wollen es nicht verstehen.

- Sie können es nicht verstehen, weil sie an eine andere Wahrheit glauben.
- Oder Du nimmst keine Rücksicht darauf, ob man Dich versteht oder nicht.

5. Die Kunst, Dich mitzuteilen, hat nichts damit zu tun, ob jemand erfahren möchte, was Du mitzuteilen hast. Dich mitzuteilen bedeutet für Dich, etwas loszulassen, was Du nicht verdrängen willst.

6. Wenn Du willst, daß andere Dich verstehen, mußt Du zuerst das Handwerk beherrschen, ehe es zur Kunst werden kann.

7. Schreiben und Reden als Techniken der Kunst, Dich mitzuteilen, unterliegen drei Prinzipien:
- Dem Prinzip der Ordnung.
- Dem Prinzip der Gestaltung.
- Dem Prinzip der Originalität.

8. Jede Mitteilung hat einen inneren Aufbau und einen dramaturgischen Ablauf.
Der innere Aufbau besteht aus fünf Stufen:
- *Die Einbeziehung:* Der Empfänger Deiner Mitteilung muß persönlich in seinem Denken und Fühlen angesprochen sein.

- *Die Identifikation:* Der Empfänger muß erkennen, in welchem Maße die Mitteilung ihn betrifft, ihm nützen oder schaden kann.
- *Das tiefere Verstehen:* Der Empfänger verankert die Botschaft in seinem Denken und interpretiert sie auf seine Weise.
- *Die Entscheidung:* Du konfrontierst den Empfänger mit Deiner Seite einer Mitteilung, und er wird zur eigenen Entscheidung herausgefordert.
- *Die Läuterung:* Der Empfänger nimmt die Mitteilung als Gewinn an und fühlt sich auf seine Weise geläutert.

9. Das Prinzip der Gestaltung betrifft die dramaturgischen Mittel und die Regeln des Stils.
Die dramaturgischen Mittel sind:
- Die Beantwortung der sechs Fragen: Wer, Was, Wann, Wo, Wie, Warum?
- Die Beschreibung, damit Worte zu Bildern werden.
- Das Aufzählen, um die Ordnung der Mitteilung zu unterstützen.
- Der Witz, weil alles im Leben nicht nur eine ernste Seite hat.
- Die Gegenüberstellung, weil im Vergleich ein besseres Bild entsteht.

178

- Die gezielte Provokation, um die Phantasie anzuregen.
- Die gezielte Schmeichelei, um die Aufmerksamkeit zu unterstützen. Denn jeder ist sich selbst der Nächste und ist dankbar für jedes Lob.
- Das Zitat, um eigenes Denken anzuregen.
- Der Dialog, um sich aus der Meinungsbildung anderer seine eigene Meinung zu bilden.
- Das Bekenntnis, damit sich andere daran messen können.
- Fragen, um das Suchen nach eigenen Antworten herauszufordern.
- Die Emotionalisierung, weil Gefühle stärker sind, als das Denken allein.
- Die Objektivierung, weil Gefühle allein einseitig sind.
- Die Wiederholung, um an das Gesagte zu erinnern, wenn es wichtig ist.
- Die Distanzierung, um zu zeigen, daß man nicht der gleichen Meinung ist, die Meinung anderer aber trotzdem gelten läßt.
- Das Dementi, um zu zeigen, daß man bereit ist, seine Meinung zu ändern.

10. *Die Regeln des Stils sind:*
- Jeder Satz ist überschaubar, einfach und leicht zu erfassen.

- Jeder Absatz ist eine in sich geschlossene dramaturgische Einheit.
- Jede Behauptung muß glaubhaft dargestellt und beweisbar sein. Was Du nicht beweisen kannst, behauptest Du nicht.
- Spannung entsteht nicht durch Worte, sondern durch die dramatisierte Darstellung von Beobachtungen oder Erkenntnissen.
- Sprachbilder sagen mehr als Worte. Was Gefühle auslöst, wirkt stärker als jede Logik.
- Jede Mitteilung braucht eine Schlußfolgerung.
- Jede Darstellung braucht eine Pointe und eine Überraschung, um die Aufmerksamkeit immer wieder neu zu entfachen.
- Die Qualität des Stils zeigt sich darin, wie der Empfänger darauf reagiert, und nicht, ob Du Dir damit gefällst.
- Alles, was Du mitteilst, hat nur eine einzige beste Art, es auszudrücken. Je mehr Worte Du für eine Darstellung brauchst, um so weiter entfernst Du Dich vom Inhalt.

11. *Es gibt acht Arten des Fragens, um ein Gespräch in Deinem Sinne zu lenken:*
- Die informative Frage.
- Die taktische Frage. Du weißt die Antwort, aber überprüfst sie trotzdem.

- Die Schmeichel-Frage.
- Die Provokations-Frage.
- Das mimische Fragen, weil Dein Gesicht oft mehr sagen kann, als alle Worte.
- Das Hinterfragen. Die Antwort auf Deine erste Frage genügt Dir nicht.
- Die Gegen-Frage, um für Deine Antwort Zeit zu gewinnen.
- Die Wiederholungs-Frage, um Gewißheit zu erlangen oder eine Antwort zu überprüfen.

12. Jedes Gespräch ist eine Technik, sich mitzuteilen. Die Kunst des richtigen Fragens ist die Kunst, das manipulative Spiel nach Deinen Regeln zu spielen.

13. Die *Regeln des Überzeugens* sind Bestandteil der Techniken des manipulativen Spiels:
- Du gibst dem Gegner so lange recht, bis er Dir recht gibt.
- Du stellst dem Gegner Deinen Vorteil so dar, bis er davon überzeugt ist, daß er sein Vorteil ist.
- Du läßt den Gegner über sich reden, um sein Vertrauen zu gewinnen. Damit er Dir glaubt, was Du ihm mitteilen willst.
- Wenn Du jemanden nicht überzeugen kannst, bist Du selbst nicht überzeugt. Oder Du hast den

falschen Ort oder Zeitpunkt gewählt. Oder der Gegner beherrscht die Kunst des manipulativen Spiels besser als Du. Dann verbesserst Du Deine eigenen Fähigkeiten, bis Du aus einer Niederlage einen Sieg machen kannst. Das ist die Kunst, Dich mitzuteilen.

5

Die Kunst, im Rhythmus zu leben

1. Mit Dir und dem Leben eins zu sein heißt, im Rhythmus des Lebens zu leben. Du kannst den Rhythmus weder erfinden noch ändern. Der Tag bleibt Tag, die Nacht bleibt Nacht, und leben kannst Du nur, wenn Du nach dem Einatmen ausatmest.

2. Du lebst mit dem Rhythmus der Natur und nicht gegen ihn. Wenn Du mit ihm lebst, gewinnst Du an Kraft. Wenn Du gegen ihn lebst, kostet es Dich Kraft.

3. Du trainierst den Rhythmus des Lebens durch die tägliche Stille Zeit und das Meditieren. In der Stillen Zeit horchst Du in Dich hinein. Im Meditieren löst Du Dich aus der Abhängigkeit des anerzogenen Rhythmus und findest Deinen eigenen.

4. Wenn Du Dich nicht täglich neu suchst, findest Du Dich nicht. Wenn Du Dich gefunden hast, kommt der Rhythmus Deines Lebens von selbst. Wenn Du den Rhythmus des Lebens spürst, hast Du Dich gefunden.

5. Die Kunst, im Rhythmus zu leben, besteht darin, in Ketten tanzen zu können.

6. Mit dem Rhythmus zu leben heißt, mit allem im Rhythmus zu sein, was Dir an jedem Tag das Leben bringt. Wenn es die Freiheit ist, tanzt Du mit der Freiheit. Wenn es ein Unglück ist, tanzt Du mit dem Unglück. Wenn Du stirbst, ist es das Ende der Melodie, nach deren Rhythmus Du gelebt hast.

7. Wenn Du auf Deine Atmung achtest, spürst Du den Rhythmus Deines Lebens. Das ist die Kunst, im Rhythmus zu leben.

V

Das Buch des Weges

»Du reifst durch das Glück, aber genauso durch das Unglück. Wenn Du nicht unglücklich warst, kannst Du nicht glücklich sein. Du reifst durch die Abhängigkeit für die Freiheit. Du hörst nie auf, vom einen für das andere zu lernen.«

Aus fast allen überlieferten Texten geht hervor, daß die stärkste befreiende Kraft des gesunden Egoismus darin besteht, die natürlichen Bedürfnisse des Lebens zu befriedigen und sich auf das zu konzentrieren, wofür man sich entschieden hat.

Wenn erst einmal die Entscheidung gefällt ist, sein Leben nach eigenen Maßstäben im Rhythmus der Natur auszurichten und sich täglich durch Training zu stärken, ergeben sich daraus die Antworten auf alle wichtigen Fragen des Lebens ganz von selbst.

Zur Klasse der Gescheiten darf sich allerdings nur zählen, wer die Antworten nicht nur weiß, sondern sein Wissen durch sein Handeln auch verwirklicht. Der Maßstab dabei ist nicht unser Bemühen, sondern allein das Ergebnis des Bemühens.

Dabei scheint es nicht wichtig zu sein, wie erfolgreich im herkömmlichen Sinn man ist. Für

*den Egoisten – so heißt es immer wieder –
besteht der Erfolg darin, an jedem Tag alles ihm
an diesem Tag Mögliche getan zu haben, um sich
abends vor dem Einschlafen sagen zu können:
»Heute war ich glücklich.« Wobei es offensichtlich durchaus der Fall ein kann, daß eine Niederlage, aus der man lernt, glücklicher macht
als ein triumphaler Sieg.*

*Entscheidend ist, beharrlich und geduldig Schritt
für Schritt auf sein Ziel loszugehen. Im Sinne von
»Der Weg ist das Ziel«.*

*Wie in allen anderen Büchern der »Egoisten-
Bibel« sind die folgenden drei Anregungen im
Buch des Weges nur eine Auswahl aus dem
gesamten bisher zugänglichen Wissen.*

*Der interessierte Leser mag es nach eigenem
Gutdünken verwenden und mit eigenen Ideen
und Erfahrungen ergänzen. Ob aus diesem Wissen ein freies und glückliches Leben resultiert,
mag ein wesentliches Kriterium zur Beurteilung
dafür sein, welcher Klasse ein Leser schließlich
angehört.*

1

Das Beste vom Notwendigen

1. Wenn Du an der Pyramide Deines Lebens baust, brauchst Du ein breites Fundament, auf das Du Terrasse für Terrasse bis zur Spitze aufbauen kannst.

2. Zuerst arbeitest Du an der Quantität, damit Du zur Qualität kommen kannst. Zuerst mußt Du das Handwerk des Lebens beherrschen, ehe Du es zur Kunst machen kannst. Zuerst gehst Du den Leidensweg, damit Du zum Glück gelangst.

3. Wenn Du in Einklang mit Dir und Deinem Weg bist, gilt für Dich das Prinzip: Das Beste vom Notwendigen.

4. Damit Du erkennst, was notwendig ist, hast Du die Maßstäbe für das, was Du brauchst, um frei und glücklich sein zu können. Und Du weißt, worauf Du verzichtest, weil es Dich unfrei machen würde. Damit Du erkennst, was das Beste für Dich ist, wertest Du alles hier und jetzt nach Deinen Maßstäben.

5. Das Maß aller Dinge ist für Dich, wie sie Deiner Freiheit und Deinem Glück im täglichen Leben nützen.

6. Wenn Du mit Dir und dem Kosmos im Einklang bist, ergeben sich ganz von selbst Wert und Ordnung aller Dinge.

7. Was heute für Dich wertvoll ist, kann morgen seinen Wert verlieren. Deshalb gibt es keine Sicherheit im Leben. Was Du heute brauchst, brauchst Du morgen vielleicht nicht mehr. Und das Beste von gestern hat für Dich heute vielleicht keinen Nutzen mehr.

8. Weil jeder neue Tag eine neue Strategie des Lebens braucht, beurteilst Du an jedem Tag neu, was für Dich heute und hier das Beste ist.

9. Das Notwendige in Deinem Leben ist das, worauf sich das Beste stützen kann. Wenn Du kein Geld hast, bist Du mit Geld erpreßbar und nicht frei. Damit Du das Notwendige vom Besten kaufen kannst, brauchst Du Geld.

10. Notwendig ist, was Dein Körper braucht, um gesund und beweglich zu sein. Genauso gibst Du

auch Deinem Geist und Deinen Gefühlen und allen Deinen Bedürfnissen das Beste vom Notwendigen, wenn Du sie befriedigst.

11. Was für Dich hier und heute das Beste vom Notwendigen ist, kann niemand anderer bestimmen als Du selbst.

2

Arbeiten und verwalten

1. Um frei sein zu können, verwaltest Du das Ergebnis Deiner Arbeit so, daß Du von niemandem abhängig bist.

2. Der Sinn der Arbeit besteht nicht in der Arbeit, sondern darin, der Befriedigung Deiner Bedürfnisse zu dienen. Deshalb arbeitest Du nicht zuviel und nicht zuwenig.

3. Jede Arbeit, die nicht der Befriedigung Deiner Bedürfnisse und dem Erreichen des Besten vom Notwendigen dient, muß Deiner Erbauung dienen, sonst machst Du sie nicht.

4. In der Spannung arbeitest Du. Damit Du Dich ohne Arbeit entspannen kannst, verwaltest Du das Ergebnis Deiner Arbeit so, daß es der Entspannung dient. Im Entspannen denkst Du nicht an die Arbeit.

5. Erworbenes zu verwalten heißt auch, Dein Wissen so zu bewahren, daß Du es immer benützen kannst, wenn Du es brauchst.

6. Genauso verwaltest Du auch Dein Geld. Was Du heute brauchst, gibst Du heute für das Beste vom Notwendigen aus. Was Du nicht brauchst, sparst Du, damit Du es hast, wenn Du es brauchst. Wenn du sparst, bekommst Du dafür Geld. Wenn Du Geld von anderen verwalten läßt, mußt Du dafür bezahlen. Damit Du dafür bezahlen kannst, mußt Du für andere arbeiten.

7. Wenn Du nur das Geld ausgibst, das Du besitzt, weil Du das erarbeitete Geld richtig verwaltet hast, bist Du nicht davon abhängig, daß andere es Dir für Geld leihen.

3

Die Zeit des Reifens

1. Alles hat seine Zeit, alles braucht seine Zeit – auch die Entwicklung Deiner Persönlichkeit. Zuerst lernst Du das Leben, dann setzt Du das Gelernte um. Schließlich genießt Du das, was Du erreicht hast.

2. Du reifst durch das Glück, aber genauso durch das Unglück. Wenn Du nicht unglücklich warst, kannst Du nicht glücklich sein. Du reifst durch die Abhängigkeit für die Freiheit. Du hörst nie auf, vom einen für das andere zu lernen.

3. Die Zeit des Reifens ist die Zeit, in der Du von dem, der Du bist, zu dem wirst, der Du sein willst.

4. Die Zeit des Reifens ist der Kreislauf von Werden, Wachsen und Vergehen. Wenn Du wächst, wirst Du. Wenn Du vergehst, wächst Du vielleicht neu, um wieder werden zu können. Wenn Du das eine vernachlässigst, vernachlässigst Du alles, und nichts wird reif. Wenn Deine Zeit um ist und Du Dein Leben gelebt hast, hast Du nichts versäumt.

5. Alles was Du bist und tust, braucht die Zeit des Reifens. Du kannst nichts erzwingen. Wenn es reif ist, geschieht es ganz von selbst. Ungeduld ist das größte Hindernis des Reifens.

6. Die große Ordnung gibt Dir Dein Leben. Was Du daraus machst, liegt allein bei Dir.

Nachwort

Lieber Leser, die »Egoisten-Bibel« ist nicht mehr und nicht weniger als das, was Sie daraus machen. Sie ist nur ein Fahrplan für die Suche nach sich selbst. Sie verspricht nichts und verpflichtet zu nichts. Sie belehrt niemanden, sondern enthält ausschließlich Anweisungen an sich selbst.

So gesehen, besteht vermutlich die höchste Kunst, ein Egoist zu sein, darin, sich seine eigene Bibel zu schreiben. Wobei es für den Leser vielleicht interessant sein mag, daß die einfachste bekanntgewordene Egoisten-Bibel aus diesem einzigen Satz besteht: »Ich bin für den Rest meines Lebens entschlossen, nach meinen eigenen Bedürfnissen und Vorstellungen zu leben und auf alles zu verzichten, was mich von irgend jemandem abhängig macht.«

Unser ganzes Leben – ob wir es wahrhaben wollen oder nicht – wird tatsächlich von der Antwort auf die eine Frage bestimmt, der sich niemand entziehen kann. Der Frage: »Lebe ich mein eigenes

Leben oder lebe ich so, wie andere es von mir erwarten?«

Wer sich damit begnügt, sein Leben nach den Geboten und Verboten anderer zu orientieren, befindet sich allerdings in großer Gesellschaft. Seit Jahrtausenden sagen die Schlauen den Dummen, wo es lang geht. Und die Masse der Dummen ist so glücklich darüber, nicht selbst denken zu müssen, daß sie manchmal sogar bereit ist, ihr Leben dafür zu opfern.

Schlaue reden den Dummen ein, sie müßten auf andere mehr Rücksicht nehmen, als auf sich selbst. Nur die Gescheiten wissen längst, daß nichts in ihrem Leben wichtiger ist als ihr eigenes Leben.

Dem aufmerksamen Leser wird nicht entgangen sein, daß das Erreichen des persönlichen Glücks aus eigener Kraft im Mittelpunkt des Egoismus-Gedankens steht. In den meisten Grundgesetzen der Drei-Klassen-Gesellschaft wird dem einzelnen mit wenigen Sätzen das Recht auf persönliche Freiheiten zugesichert. Aber der restliche Inhalt der vielseitigen Gesetzesbücher besteht darin, ihm diese Freiheiten wieder zu beschränken.

Wie es scheint, hat sich seit der Schule des griechischen Philosophen Epikur – 314 bis 270 vor unserer Zeitrechnung – niemand mehr ernsthaft mit dem natürlichen Bedürfnis des Menschen nach individueller Freiheit und Glück und der Lust auf Leben beschäftigt.

Epikurs Leitsatz lautet: »*Die Lust ist Anfang und Ende des glücklichen Lebens. Sie ist der Ausgangspunkt für alles Wählen und Meiden, und auf sie gehen wir zurück, indem diese Seelenregung uns zur Richtschnur dient für die Beurteilung jeglichen Gutes.*«

Die »Egoisten-Bibel« mag Sie während des Lesens immer wieder vor die Frage gestellt haben, zu welcher Klasse unserer Gesellschaft Sie wohl gehören mögen. Machen Sie sich nichts vor: Der Maßstab Ihrer Zugehörigkeit ist nicht das, was Sie gerne sein möchten, sondern das, was Sie in Ihrem Denken und Handeln sind.

Tatsache ist, daß wir alle Egoisten sind. Wir werden als einzelne geboren, um uns als einzelne zu erfüllen. Wozu sonst hätte die Natur den Menschen mit den Fähigkeiten ausgestattet zu denken, zu fühlen, zu lügen, zu hassen, sich zur Wehr zu setzen, sich selbst zu lieben und an sich zu glauben?

Doch nicht dazu, damit wir diese wunderbaren Fähigkeiten und Möglichkeiten ein Leben lang unterdrücken, verdrängen und uns verbieten lassen. Oder doch?